后浪出版公司

Business Networking and Sex

帅哥美女经济学

(美)伊凡·米斯纳(Ivan Misner) 黑兹尔·M·沃克(Hazel M. Walker)
小弗兰克·德·拉斐尔(Frank De Raffele Jr.) 著 杨波 译

世界图书出版公司
北京·广州·上海·西安

推荐语

伊凡·米斯纳以其深刻的洞察力，深入探讨了如何充分理解男性和女性之间的相似和不同之处，以及这对你的商业关系意味着什么。别让你的性别阻碍了你的社交能力！

——哈维·麦凯，《与鲨鱼一起游泳》作者

社交在于关系，朴实而简单。以全新的视角和积极的态度理解异性，是建立持久的商业关系、获得更多成功的关键。你越早读到《帅哥美女经济学》这本书，你将越早获得成功。

——约翰·格雷，《男人来自火星，女人来自金星》作者

无可挑剔的研究，以确凿的数据为佐证，充满了令人捧腹大笑的幽默，包含了如何让你的社交成果再上一个台阶的最新信息——《帅哥美女经济学》是21世纪必备的社交指南。

——杰克·坎菲尔德，《心灵鸡汤》系列和《成功的法则》作者

哇！这本书告诉你如何与另外50%的人口建立和保持高质量的商业社交关系。

——博恩·崔西，《魅力的力量》作者

我从来不是一个把商业和娱乐混为一谈的人，但是有了这本书，就不可能不这样了——无论你读这本书是出于商业目的还是为了娱乐，《帅哥美女经济学》从头到尾都会带给你内容非常丰富、令人非常愉快的体验。

——莉莎·尼可尔斯，《不管怎样！》作者

伊凡·米斯纳对商业的态度，有一点我很喜欢——他是如此的专注！在这本非常棒的新书中，他从一个全新的、独特的视角来观察社交，告

诉我们社交为何有用，如何起作用，为什么我们所有人都要像对待企业里最重要的职能一样认真地对待它，否则要为之付出代价。阅读这本书，送一本给朋友。这是我们所有要在这个很艰难、很艰难的世上谋求发展的人最重要的东西。

——迈克尔·E·戈伯，《电子商务神话》作者

你听说过“性行销”一词，但你听到过有谁解释如何向异性推销吗？不管你提供的是何种产品或服务，你的企业都要依靠销售，扩大销售就要看你如何有效地建立关系和社交——与男性和女性都是如此。《帅哥美女经济学》分析了两性在社交方面存在的关键相似点和差异，因此你就不用再去揣摩向异性推销的最佳方式了。

——托尼·亚历山德拉博士，《白金法则》《非操纵性销售》作者

目　录

警 告

这本书说的是性。

（好吧，其实是关于性别——但警告仍然有效。）

它可能会激怒你！

我们要谈论的是颇具争议性的话题。

可能会触及一些敏感问题。

最糟糕的是，还涉及一些统计分析！

有言在先，勇敢点。

深吸一口气。你是成年人。

你能处理好……我们希望。

作者简介

伊凡·米斯纳博士，也即“调查说……”

伊凡·米斯纳博士是世界上最大的商业社交组织国际商业社交（BNI）的创始人和主席。该机构成立于1985年，在全球有6000多家分支机构。每年国际商业社交产生的推介业务达数百万宗，为其会员带来数十亿美元的商机。

米斯纳博士来自南加州大学，他是《纽约时报》畅销书作者，著有16本书，包括最畅销的《像行家一样社交》。他还是企业家网站www.Entrepreneur.com的专栏作家、商业推荐研究院的高级合伙人，该机构是一家全球性商业推荐培训公司。此外，他还在美国的几所大学教授过商业管理和社会资本课程。

米斯纳博士被CNN和《企业家》杂志誉为“现代社交之父”和“社交大师”，是世界最顶尖的商业社交专家之一，全球许多知名公司和社团的主讲嘉宾。《洛杉矶时报》、《华尔街日报》和《纽约时报》，以及多家电台和电视台，包括CNN、CNBC和BBC，对他做过报道或专访。

米斯纳博士是拉文大学的董事会成员。他还是BNI－米斯纳慈善基金会的创始人，最近被国际红十字会评为“年度慈善家”。他与妻子贝丝和三个孩子住在加利福尼亚州的克莱蒙特。业余时间，他喜欢表演魔术，还是空手道黑带选手。

♂ 小弗兰克·德·拉斐尔，也即“他说……”

弗兰克从18岁起就开始了他的激情创业之旅，组建了他的第一家公司，然后大学一毕业就创办了创意音像制品公司，制作健身视频系列节目，通过赫尔曼体育用品、美国快递公司和Sharper Image Catalog在全国销售。

作为制作人，他的业务范围包括体育电视节目，为利宝互助保险集团、福特汽车公司和职业高尔夫球员协会这类客户制作商业片，同时还承担部分ABC电视台新闻摄制组的工作，并为肥皂剧《只此一生》担任制作。这些经历为他日后创办卓越创业广播公司这个充满活力的制片公司打下了基础，通过节目，他向创业者展示企业成功所需要的信息。

作为卓越创业国际公司的创始人和总裁，通过积极领导力中心，弗兰克的讲座激励着全世界的商业人士。他的演讲已被翻译成日语、汉语、德语、法语和荷兰语。

他的竞争精神体现在各个方面，他在30岁时参加了金手套拳击预选赛，还晋级为冲绳刚柔流空手道的黑带六段。

♀ 黑兹尔·M·沃克，也即“她说……”

当黑兹尔发现自己经营保险公司实在勉强，一点儿也没有保险业或经营企业的经验时，她就知道自己有很多东西要尽快去学。在学习的过程中，她发现自己喜欢社交，喜欢和人联络。作为BNI和商业推荐研究院的特许权所有者，13年来，黑兹尔一直在教商业人士如何通过商业推荐拓展自己的业务。她与人合作出版了多部著作，获得过国际卓越主持人铜奖，还是全国演讲者协会的会员，这些经历为她积累了丰富的经验，丰富了本书中所展现的智慧的源泉。

她为多个组织义务服务，其中包括大哥大姐俱乐部、自主企业所有权、沃伦镇家长教师协会和印第安纳州家长教师协会，这项工作为她赢得了印第安纳州家长教师协会终生会员奖。

受孩子们的鼓舞，黑兹尔强烈的好奇心和求知欲吸引着她到世界各地去旅行、冒险。她有很多特殊的兴趣，包括手工酿造啤酒、举办品酒会、为想更多了解这门手艺的女士们配制啤酒。她满怀热情地帮助女企业主创办她们自己喜欢的企业，让她们过上她们想要的生活。

■ ■ ■

您真有幸！在这条充满两性沟通矛盾的崎岖不平的道路上，有三位经验丰富的向导陪您一步一步行走，用浅显易懂的方法教您掌握其中的技巧。每一章都大量展现和引用了调查对象的观点，由我（调查说）进行阐释，由他（弗兰克）和她（黑兹尔）就这些话题展开热烈的讨论，有时互相反驳，有时又有惊人的发现。

他和她将从非常重要的两性不同的视角帮您解读难解的议题。详尽的补充材料，结合黑兹尔和弗兰克的大胆剖白，以及我的理性分析，会让您这一路没有惊险刺激，也会跌宕起伏。女士们，先生们，系好您的安全带，这一路要开始疯狂喽！

引　言

调查说……

历时 4 年，12,000 多名商业人士参加了一项关于 25 个简单问题的调查研究。他们的回答除了会惹得你不高兴之外，或许也会让你感到兴奋、激发你去了解。

在仔细筛查统计分析结果的过程中，你准保不会打瞌睡；相反，在商界这个瞬息万变、充满竞争的环境中，我们在努力了解对方，你可能会回想起自己对两性之间发生的激烈冲突所产生的强烈情绪反应。

勇敢点！你能应付这一切。深吸一口气，当你想对我们中某位作者或某个研究议题发表一下你的看法时，先忍着别说、耐着性子往下读，等该说的说了，该做的做了，你最后带走的将会是相当于“异性社交网络代言”的大学学位。

你可能想知道是什么促使我们对商业、社交和两性进行研究。经营全球最大的商业交流机构近 30 年，毫不夸张地说，我见过男性和女性所经历的种种与社交有关的沟通挑战。隐藏在小问题背后的往往是彼此对异性的误解，需要我们去探究、揭开这层神秘的面纱、相互理解。

我们的研究结果揭示出一些惊人的重大发现，它将改变你面对面交往过程中的一些习惯和结果。

为了更好地理解发生在男女交往过程中的沟通障碍，我们把重点放在将个人的社交体验和调查数据相结合，更好地为读者解读其中的要义。

最后，将调查结果转化成指导两性的行动步骤，通过这些行动指南，形成他们各自的社交风格，从而使他们能够充分发挥创造社会资本所需的潜能。

我的目标是站在中立的立场提供数据，从数十年积累的成熟经验和跨文化的角度来解读研究的结果。我会尽量避免以我的性别或站在女性的立场发表意见。相信我，你会从黑兹尔所代表的她和弗兰克所代表的他那里得到绰绰有余的带有性别倾向的意见、解释、抨击和强烈建议。

♂ 他说……

我们想要同样的东西，却用不同的方式获取

有趣的是我们的研究发现了两个独立的事实，看似相互矛盾。第一是不管男性还是女性都想通过社交获得生意，并且愿意努力去争取。第二是我们似乎在自己为难自己，因为我们只是以自己的性别所喜欢和理解的方式去社交。这就好比是一段异性婚姻，要么只基于男性想要的某种方式，要么只基于女性想要的某种方式，结果往往事与愿违。如果双方都想维持这段婚姻，那么他们很快就会想到该如何取悦对方，并且会去做。

说到性

你可能会觉得奇怪，性和社交有什么关系。或许你也会很兴奋地想知道如何利用你的性魅力对商业交易施加影响；在职场上，如何让事情按照你希望的方向发展。你可别想歪了！抱歉，让你的梦想破灭了，但这本书真的更多地是在谈性别而不是性，可谁会在书店里对《商业、社交和性别》这样的书名多看两眼呢？我听到谁在嘀咕？这也正是我们为什么要用这个更引人注目的书名《帅哥美女经济学》的原因。没多少人会在路上想到性别，但很多人一天会想很多次……好，你懂的。

你有份儿吗？

你准备好为别人做的事情而遭人取笑、让人对你有成见、被人贬低、侮辱和责备了吗？尽管万事开头难，你能好好审视一下自己的行为、尝试做出一些改变吗？你能自我解嘲，不把任何事都看得这么重、暂时放下吗？那么你就继续往下读，绝对受益匪浅。

我们真的想为难自己吗？还是我们的文化对特定性别的价值观和大脑中性别有关的化学物质在真正阻碍我们在一起共事呢？饶了我吧！这只是个借口。我还有个问题，但是为这个问题我必须提前道个歉。我们男性真的是白痴吗？绝对是这样。实际上，我们的研究已证实了长期以来人们已经知道的一个事实，那就是有时男性蠢得像头猪。以下是我们在社交场合对专业男士进行调查时他们的原话：

> 不是有性别歧视，但是美丽的女商人总是在社交场合吸引大批的人，因为男性们都认为给她生意做会让她对他有好感。
>
> 在一个有组织的社交圈内，我发现有女性成员参加会带来好处，因为这样男性们会有更多人到场，并且彬彬有礼。

我们真的这么傻、这么浅薄吗？很明显，我们中有些人是这样，就这么几个人就足以败坏名声。我们需要女性在场，我们才会表现得文明一点，这真是太可悲了。哎，女士们，我代表所有的男士，向你们致歉。我知道在整本书中，我都有这种一再道歉的冲动，但这是唯一一次出于身份和理智的缘故。

在两性之间面临的那些问题中，有一个老大难问题一直困扰着我们，搞得我们这些人名声扫地，就是我说的“我该怎么说？”男士们，我敢肯定你们一定有这种感受，努力想好要说的话，一遍遍地演练，希望说出口时不会有任何的冒犯和惹来麻烦，但不知怎的，你最终还是对你生命中的女性说错了话。当然，好多时候，我和女同事之间也会有沟通上的问题。我曾无数次听到女性们和我说，在社交场合有些家伙说的话是多么不中听、或是让她们觉得多么无聊，可当时她们什么也没对他说，只是暗下决心再不和他做生意或给他介绍生意。

问题是，各位男士，在你们的生活中，你有过很长一段时间没有冒犯女性或被女性误解吗？不，当然不可能。这也就是说我们都会为此失去一部分和女性做生意的可能。女性撑起半边天，这一事实应该很好地激励我们去解决这个问题！

这是本书后面的章节要达到的目的。因为我们是根据面部表情、手势、语调、举止、甚至是体味的判断来做出重要的、事关金钱的决定的。面对面的交往过程给了我们机会，让我们学会如何取悦对方。要把它融入企业文化中，我们就必须掌握性别特定的沟通风格和喜好。也就是说使自己的行为符合别人的期望，就像是身在异国他乡，要遵守当地的风俗习惯，为的是能有一个平平安安的假期（更别说避免锒铛入狱了）。

♀ 她说……

对于女性尤其重要

最近开展的一项民意调查显示，企业依靠 41.4% 的业务推荐，带来 80% 以上的销售收入。而且，美国劳工统计局发现只有 5% 的求职者是通过公开的招聘市场找到工作的，公开招聘市场主要指网上招聘和印发的招聘广告。另有 24% 的人是通过主动上门，自我推销找到工作的。23% 的人通过职业介绍所、学校的就业服务办公室和猎头公司找到了工作。剩下 48% 的人是通过推荐找到工作的。这些求职者和揽生意的人是怎么通过圈内人的口口相传为自己找到工作的呢？面对面的交往！

社交不仅对拓展业务起着重要的作用，而且为快乐、保障的人生铺平了道路。当然，任何人都希望有一帮好友和熟人随时会为自己伸出援手、给自己带来好处。如今，教你如何建立口碑的培训教材随处可见。人们渴望学习如何以颇有吸引力的方式与人交往,从而改变自己的人生。对男性和女性来讲，现在比以往任何时候都需要利用这种培训，一举成名，在当今这个充满竞争的市场中抢占先机，把生意做强。

我们的目的是什么?

“男性似乎不愿意建立深层次的关系，而女性则更关注生意以外的几乎任何东西，”我们的一位调查对象这样写道。这反映出两性在思维方式上的冲突,使得同处一室的两个人想着他们是不是在谈同一件事情。为什么两性在思维和沟通上会有这么多的冲突，关键在于此。

如果两性都更讲究技巧、或者更愿意接触人际交往的不同方面，难道我们不可以用各自的禀赋来帮助彼此吗？帮助女性在事业上获得成功很重要，如果她们能有开放的思维、能够面对现实，我觉得她们还是有很大的空间改变自己、积极发展，摆脱或许正阻碍她们发展的安逸的方式。

尽管男性们有时行事鲁莽、不免冒犯她们，女性们也要真正地去理解他们。不错，男性可以蠢得像猪，但是让男性们继续他们那种愚蠢的行为，女性也起了一些作用，甚至自己还没有意识到这一点。有多少次你因为别人说话不得体而深感不悦，却一言不发只是生气呢?你有过被人忽视、轻视、或别人提到你时出言不逊，你不是直接说出自己的想法，而是撅着嘴、发誓再不跟这家伙做生意的经历吗？你有过穿着性感的紧身衣出席商业活动，却因为没人把你当回事儿而觉得别人不尊重你，更有甚者，还邀你出去约会，而不是专心听你的商业理念这样的经历吗?

火星与金星

约翰·格雷在他写的那本著名的《男人来自火星，女人来自金星》的书中为我们总结了两性的特点。但是商业社交就是商业社交，就应该非常的直接，对吧？如果我们都读过有关两性的最新书籍，而且都参加过最新的人际交往培训，那我们就应该能够达成共识，对吧？你可以这么认为，但现实并非如此。和全球的商业人士打交道这么多年，有一点我很明白，尽管他们想要的是相似的结果，但他们采取的方法和沟通风格却截然不同，这会造成无数的问题和资金的损失。

你“只是”一个有稳定工作的职员还是一个想做大生意的企业老板，这真的无关紧要。懂得如何与两种性别的人打交道，你就可以建立起广泛的人际关系网，最终在你想要找一份新工作时帮你建立联系，或是帮你目前的企业介绍更好的产品、更专业的人才和更好的前景。在规划个人未来和职业发展方面最保险的投资就是在真正需要之际建立好人际关系网络。你可以把建立网络的过程想成是随着时间的积累，编织一张巨大而细密的网，它将会捞到各种各样的珍宝，当然也包括你，如果你也落入网中的话。

我们这就开始吧！要学的东西多着呢。

第 1 章

个别现象成为整体观念

调查说……

人人都想和睦相处

当今企业的经营遍及全球，不只局限于一地或一国。当我们要了解人们对商业社交的看法时，我们重点关注的是商业人士，但范围扩大到全球。在超过 3 年的时间里，来自全球各大洲的 12,000 多名商业人士参加了一项关于性别和商业社交的调查，这是目前开展的同类调查中最全面的一次调查。参加调查的男女比例几乎相等（男性为 50.2%，女性为 49.8%）。从他们对客观问题的回答来看，男性和女性之间并非像所预想的那样相去甚远。他们大多认同社交的做法、价值观和经验，而且观点非常接近。差异虽常常很小，但具有统计显著性。不存在什么争议。

但接下来的问题让人有点惊讶。

调查的最后一个问题是一个开放式问题：

> 关于男性和女性之间的社交，你可否举出任何一个你认为或许可以被本书所采用的事例？如果有，请具体描述。

近1000人做出了回应。这都是些什么事例啊！

当给他们机会讲一些有关他们个人在社交方面的体验时，545名女性和403名男性的回答反映出他们对这个问题存在明显不同的认识。尽管他们对客观问题的认识非常接近，但是男性商人和女性商人似乎是生活在完全不同的两个世界。许多女性写下了诸如被低估、被威胁、被忽视、被抢了风头、被恩赐等感受。其他人则举出了被性骚扰的例子，如下所述：

> 有时候，我觉得作为一名女性，很难让某些男性商人把你当回事儿。

> 作为一名年轻的市场营销人员，任何时候我在接触异性时，即使我的穿着很保守，而且只是在谈生意，他们都认为我是对约会感兴趣。生意谈不了多久。

> 有一个我第一次见面的“绅士”说：“抱歉，我没记下你的芳名，我光顾着看你的胸部了。”

有些男性对他们遇到的和一起工作的女性颇有微词，以下所述就可以看出：

> 我能想起那个经常出席社交活动的女士，穿得很引人注目。让那些带配偶一起来参加活动的男士感觉很不舒服。

> 当和女性交往时，我发现自己很小心，生怕冒犯人家。

而另一方面，大多数男性和很多女性都给予了正面回应。有些女性甚至表示更愿意和男性共事：

> 我真的感觉和异性社交更自在一些。我觉得女性和女性共事更多的是在竞争。

> 我特别喜欢和男性共事，更直截了当，没那么多“鸡毛蒜皮的事”。

同样，很多男士也说他们很喜欢和女性一起共事：

作为男性，对我来说和女性交往更容易一些。和女性在一起，不存在自我的问题。

我觉得女性更擅长与人交往。有时我们男性感兴趣的只是发发名片、谈谈生意，而女性有更敏锐的直觉、更喜欢倾听。我在某个社交或生意场合见过面后，有回应的多是女性。

然而，几乎所有的受访者，即使是那些给出正面回应的人，都会和我们说，他们认为男性和女性在对待社交这门艺术方面有着很大的差别。大多数人似乎都认同在社交场合，男性更注重生意，女性更看重关系。

作为一名销售培训人员，我已经注意到在开口向别人推销东西时，男性比女性更有准备，在这方面女性需要更多的指导。我目睹这种现象已经很多年了。

这听着似乎有点性别歧视，而且完全违背了所有关于机会平等的法律，但是如果我不会而且不愿意和人调情的话，我认为我不会像现在这么成功。

从他们的观点来看，男性常常会举例说明男女之间的社交风格不同，但总体上，他们认为女性在社交方面和男性做得一样好，或者女性更好一些。他们和女性交往的困难主要在于不想显得自己有性别歧视。

为什么给机会让大家谈谈对两性差异的看法会引出这么一大堆截然不同的观点呢？

简而言之，我们认为：个别现象成为整体观念。

大多数女性不会把性感的照片放在她们的网站上。大多数男性也不会像兄弟会男孩那般做派。但就是极个别这样做的人才那么显眼。他们给我们造成了一种印象，这种事儿多着呢。

以我们个人的经验，如果你让某位男士和女士考虑几分钟，然后用一句话来概括他们与异性交往的感受，绝大多数人都会说出下面这番话：

在我看来，人就是人，性别起不了什么重要的作用。与人交往时，一个人的态度、能力以及他感兴趣的是人际关系还是推销自己，才是我看重的品性。在我的公司里，因为非常看重那些品性，与男性和女性客户之间才建立起有价值的关系。

那么为何对异性的评价，从男女两方面来讲，负面的评论会占这么高的比例呢？因为好事不出门，坏事传千里。（还记得那句老话吗？“好事不出名，坏事远名扬。”）

所以，尽管只有极少数的女性说自己和异性交往有问题，但女性们已感觉到这类问题的普遍性，因为她们已经从小道消息（或互联网）听说了。对男性来说也一样。他们喜欢和女性交往，而且很少遇到问题，但是从别处听说，常常是二手或三手消息，女性开不得玩笑、或是对毫无恶意之言过分敏感、或总想象自己受到歧视。他们还听说有的女性穿得很性感，有的女性不和男性打交道。

如果真是这样，为什么男性和女性对许多问题的回答都很相似呢？为什么他们对有关社交的许多问题，包括与异性的交往，意见几乎完全一致呢？

参与调查的男性和女性都非常积极地投入社交活动。他们对此很信任，定期举办这类活动，而且想办法提高自己的社交技巧。社交对他们真的有用。遇到难题是事实，但不会改变他们投入的热情。最重要的是，男性和女性都想通过社交方面的努力达到相似的目的：他们希望拓展业务。这种相似性似乎压缩了两性之间存在的一些共同差异。

所以，一旦出现问题，并且阻碍了良性的交往，优秀的商人就会寻求解决的办法。

尽管只是极少数女性说自己遇到过问题，但是通过小道消息的效应，她们已经认识到问题是普遍存在的。对男性来讲也一样，两性都会通过互联网和闲话的方式使消息迅速地传播。他们很愿意彼此交往，而且极少遇到问题，但却听信那些传了二三手的小道消息，说的都是最坏的情况。

对了，这些消息是怎么从那些对玩笑话和毫无恶意之言太过敏感的女性传到那些打扮得很性感却抱怨男性只顾盯着她们的胸部看，声称只

生存本能

或许，因为某些远古遗传下来的生存本能，我们人类原本就对负面的东西记忆深刻。美国心理科学协会最近开展的一项研究报告了波士顿大学心理学家伊丽莎白·肯辛格关于大脑对负面记忆有强烈偏好的研究结果，它解释说我们的记忆保留一个事件最负面、最富有戏剧性的细节，这些细节“在某种程度上能指导我们的行动、救我们一命，让我们做好准备应对将来发生的类似事情”。

如果大多数社交者对和异性的交往都能有这种基本的、正面的认识，那为什么还会出现我们在调查的最后“试举例说明”时这么多负面的评价呢？坏消息总是比好消息传得快，因为有轰动效应。正因为如此，人们会在高速路上放慢车速去看一场惨烈的车祸，或关注那些专门报道我们当中那些不幸的人身上发生的许多暴力和社会冲突的新闻。

我们根深蒂固的生存技能也许会储存负面的信息，为的是让我们在生活中不再犯同样的错误。或许这种残留的收集负面信息的目的一直保留了下来，让我们对负面的消息有一种奇怪的、莫名的关注。这让我想起了人们所持的一种观点，人类的阑尾以前是用来消化碎木屑的，现在已经没什么用了。既然我们已经直立行走了，而且经常光顾健康食品超市的沙拉吧，谁还用得着再吃木头啊？然而，阑尾依然存在，而且会给我们带来麻烦。

参加女性群体的女性耳朵里去的。而那种以社交为名、不过是为了找人约会，或是出言不逊、无耻下流的男性又数不胜数。他们真是这样吗？

如果现实情况真的如此，那为何男性和女性对与异性交往的真实看法又几乎完全一致呢？我们可以用两种方式来提问。一种是“你如何看待与异性的交往？”另一种是“你可以举一个与异性交往的例子吗？”

对调查对象而言，这两种看法可能同时存在，他们都是热衷于交际的人。因为参与调查的每一个人都已经是非常投入的专业人士，热衷于社交活动，他们也许把这些职业行为中出现的暂时失调当成是需要克服的挑战。如果一个人大体上很喜欢这种体验，而且能从中受益，那么其中一小部分的缺陷，也许正激发出他解决问题或弥补不足的强烈愿望，而不会改变他对整个事情的看法。

以下回应就表现出某种解决问题、解决两性之间沟通障碍的意愿：

> 在一个以男性为主导的行业里，作为一名女性，我有时发现男性不相信我的实力。我常常会竭力说服他，让他对我说的每件事都点头。这种效果非常好。

> 我发现如果你带异性和你一起去，你跟异性之间的沟通就会更有效，要不然，他们可能会感觉不自在。如果有同性别的人在场，你想认识的那个人就会觉得更自在。

> 一旦我戴上结婚戒指，社交的效果马上就不一样了。突然间，我联系的这些男士们把注意力更多地放在了生意上，而不是像以前那样。在我还没结婚那会儿，男性们可能会说，“我们先一起吃个饭吧，然后再谈生意上的事。”不管结没结婚，在人际交往上费的心思要比建立工作关系多很多。我要花上几个月的时间不断提醒他们生意的事，他们才会在办公室见我一面。我结婚的消息一传开，在社交中已经有联系的男士，这会儿就会提起我曾提到过的介绍生意的事，并且希望去落实。这真的很让人振奋。

了解一些最差的情况也是有教育意义的。坏消息传得快也有它的好处，那就是我们可以往坏处着想，做好最坏的打算。为什么要做好应付极端情况的准备呢？这对你只有帮助。

最敏锐的商业专家是能够预先想到问题，并且做好准备的人。一听说某个社交场合出了不良状况，他会在弄明白问题的同时想出对策，作为一种防范策略，用到所有场合，以防不测。绝大多数聪明人会钻进车里就立刻系好安全带，做好防范措施。因为比起我们开车的次数来讲，撞上事故或被开罚单的几率毕竟很小，防患于未然，不会伤害你，又容易做到，而且避免发生最坏的情况。

是的，人们认为男女共同参加的社交活动出现的沟通问题会很多，其实不然。但是，有备无患。有悟性的职场人士会提前做好解决问题的准备，这是预防药，是成功的保障。一开始就避免了冲突，你会提振团队的信心，更有效地利用时间，专心做手头的事情，而不用绞尽脑汁和感情去应付那些不轨行为。

时不时也要采取一些强硬措施，做好准备，效果会大不一样，就像这位女性所讲的那样：

> 一般情况下，男女之间的交往是不会有什么麻烦的。但是，有一次我们在开一个早餐会之前，我觉得有人在后面捏我的屁股，我转过身去，看到非礼我的那家伙一副得意的样子，明显是做给站在他旁边的两个男性看的。这家伙是出了名的下流，只要有可能和你搭上话，就会给你性暗示。我转身说了句，“下流！！”然后我回到座位上，我就在想我们看上去都已经是非常成熟的职场人士了，怎么还会有这种怪事，但这种事儿就是发生了。最后他不仅没能在

两性交往的行为禁忌

如果你想提高社交的效果，我们给你提些建议，这些都是从我们的调查反馈中得出的。

为避免让人觉得你有性别歧视，男士可以做到以下几点：

- 交谈过程中保持与女性的眼神交流
- 只谈生意
- 不要问过于私人的问题

为避免男性对你有非礼之举，女性应该：

- 穿职业装
- 握手要有力，要表现得专业
- 任何情况下都不要举止轻浮

同事面前显摆，而且从此再也没骚扰过我，并且据我所见，也再没骚扰过我们圈子里的其他女性。

♂ 他说……
X 印象法则

你也许记得帕雷托法则，也叫 80/20 法则。通常它所指的概念是，在公司里，80% 的人在做 20% 的工作。也可以解释为你把 80% 的时间用在 20% 的客户身上，因为只有这 20% 的客户才会带来最大的利润。剩下 80% 的业务没那么赚钱。

我想给你介绍一下我自己的理念：X 印象法则，也叫 98/2 法则。各类人群中 2% 的人在为其余 98% 的人创造声誉。这样公平吗？决定整条链子是否牢固的是最薄弱的那一环。换句话说，傻子才会出洋相，在社交场合表现得那么弱智，坏了我们其余所有人的名声。嘿，弟兄们，男同胞们，老伙计们——你们听到我说了吗？悲哀啊。对我们其余人来讲，这真是一个沉重的负担。

我们当中 2% 的人在社交时盯着女性的胸部，给人家的印象是我们所有人都很堕落。喂，我知道作为一个群体我们男性倾向于每 5 秒钟就会想到性，这只是一个科学事实，但说我们控制不了自己外在的行为，就没有科学依据了。如果每个想看女性胸部的男性真的都去看了，我们可能要重回到原始人时代来看看我们的进步了。

她评论……

我只能想象所有的车祸、糟糕的手术和拙劣的球技了。

他回应……

实际是我们中有些人确实会时不时地偷窥一两眼，但还不至于傻到被抓个现形！这是一种不可接受的行为。任何一个有理智的男性都知道在商业场合被人发现自己眼睛直勾勾地盯着人家，这只有坏处，没有好处。对于那些想显得自己与众不同的人，我建议你们还是别看那些下流的电影了，因为这才是真实的生活，我们都是彼此打交道的“立体”的人，不是平面纸板。

我个人认为，在这方面还是要讲点同志之情，形成统一战线，或者说愿意承担一点责任，要知道我们中的每一个人都代表着男性整体。有 2% 的无耻之徒在那儿不停地进行他们的拙劣表演，也就难怪会有这么多的沟通障碍，难怪别人会对我们妄加评判。你能想起你加入的任何圈子里有谁是这样的吗？我可以。够了，伙计们！

因为 2% 的个别人所造成的不良公众形象代表了其余 98% 的群体，我们蒙受了不白之冤，别人对我们抱有成见，宗教信仰、种族、性别、性取向以及国籍是其中的几个方面。这太不幸了。我们能做的，能影响到别人对我们所属的性别做出正面评价的一件事，就是既要因人而异、区别对待，又要一言一行为群体争光。

误解，一个奇怪却真实的故事

我向来知道穿着得体是多么重要，但我还没有认识到全然不顾这一原则会有多么严重的后果，直到我遇到了一个典型代表。别人介绍我去参加一个商业交流会，我一身西装笔挺、打着领带，可以说这身打扮看上去非常好。我记得与会人员给我留下了深刻的印象，因为他们非常专业、待人友善，对社交活动充满热情。

这时我遇到了他。这个典型代表，我一直在想到底该不该以貌取人。这家伙又高又块儿大，穿得很不得体，我甚至不敢说他这身打扮在沙滩上过不过得了关。从脚上那双破破烂烂、到处都是洞的科迪斯运动鞋到那头小弗兰肯斯坦式的蓬头乱发，从上到下的每一处都在拼命喊着，“我已经在洞里住了 20 年了！”一眼就能看见的毛茸茸的身体两侧和腋窝从开口很低的、松垮垮的背心里露出来，似乎这还不够，背上那一撮撮急需剔掉的毛，再配上那条皱巴巴的、明显是从衣服篮里最底层抽出来的短裤，真是相得益彰。他这副打扮让我一下子没了吃早餐的胃口，而且让我深感困惑，因为此人口齿伶俐、沟通技巧娴熟，明显是个很有能力的理财师，跟他摆出的那副破烂样儿一点不符，表里不一。

大多数男性商务人士似乎都明白他们这一行穿什么样的衣服最受人尊重、最为得体。并不是要求每个人都要穿西装、打领带；而是每种职业都有一个人人都要遵守（或应该遵守）的标准，包括这一行统一着装的每个细节。屋顶建筑工一般会穿得随意一些，但是干净整洁，这样屋主才会允许他们爬到屋顶上修理房屋，并且会给他们出个好价钱。如果这种场合，一个屋顶建筑工穿着一身西装，似乎就不太合适，甚至有点可疑,不是吗？其他体力劳动者穿的都是适合他们所从事的工作的衣服，不管是打电钻、修剪树木还是收垃圾。帮客户办理贷款业务的银行职员不会穿着运动装去上班。你明白了，但是让人惊讶的是有些人就是不这么干。

人们总是向赢家靠拢，那些赢家能够胜出的原因一部分是因为他们遵守了一套细则，让人们觉得舒服安全。要展示出一种你能够胜任你的工作的形象，一种方式就是你希望别人把你看成什么样，你就穿成什么样。要承认人类绝对是视觉动物，我们是依靠所见来做出判断的。

要想让人们为你掏腰包，这是你做生意的最终目的，你就必须以某种方式向他们展示你的外表和行为，让他们觉得把钱花在你身上是明智之举。要把穿戴整齐并符合一定的社交礼仪看成是为自己赢得销售业绩。

男士们，听听这方面的一些真知灼见吧。女性会特别留意你着装的每个细节，而且很长时间都不会忘记。两口子在回忆他们初次见面的情景时，女方清楚地记得他俩那天穿着什么样的衣服，这种事你听过多少次了？如果你想给每个人留下深刻的印象，就穿给女同胞看，绝对错不了。多花些心思在细节上，吸引女观众的注意，因为她们会记得你的西装是否配你的领带，你的皮鞋是否光亮，你西装的袖子是否裁剪得体、长度适中。

男士们，让我们来看看生活中的女性，她们是怎么打扮的。当要举行大型活动时，打扮的过程就开始了。先是花上几个小时、几天甚至是几周的时间大量采购，买最合适的衣服，直到鞋子首饰都搭配得完美无缺才罢休。然后还要审视一遍：在镜子前像模特一样仔细打量一番，转过来转过去，几套衣服比一比，还会问问你穿着它是不是显胖，显得老土、俗气、邋遢还是端庄以及她所能想到的其他任何形象，所有的都要想到。正确而且唯一安全的回答是，“不，亲爱的，你看上去太迷人了。既高贵典雅又风情万种。但并不是衣服本身多么性感——是你让这身衣服显得妩媚！”伙计们，你要相信我说的这句话。它会让你不再受到冷遇，以后你会为此感谢我的。

等到参加活动的时候，她会犹如身在九重天一样快乐无比，感觉像拥金百万一样，而且会把这种感觉传递给每一个人。宾客们会对她说她看起来有多美，她会很开心，会因为你帮她做出的正确“决定”而更加爱你。关键是：以后你唯一能够再见到这身衣服的地方就是高挂在衣柜里了。她再也不会去穿它了。她不可能再穿了！“大家”已经见过她穿这身衣服的样子了！我的天！这真叫人不可思议还是只有我见过这样？这就是生活。我们不一定要弄明白女性是怎么回事才会去爱她们，是吧？

你们都离开了，女性还常常会告诉你参加活动的其他女性个个都穿什么样。她全都留意了。对这些信息她们会记着不忘，时隔八个月后还会把同样的女性穿的衣服与她们在参加活动那天所穿的衣服做比较，甚至连她们戴的耳环都记得一清二楚。伙计们，我知道我一定把你们烦得要死，但是你绝对要从中悟出的一点就是在你穿衣打扮准备去参加商务活动、社交或其他社会活动时一定要牢记这件事。

我是在跟你说要买几打领带、西装、衬衫和皮鞋，这样你就永远不会同一件衣服穿两次了吗？不，我只是要你明白。跟你做生意的女性特别善于观察你的穿戴，时刻会留意。她们对你的衣柜比你记得都清楚。你还记得你上次参加活动穿什么西装打什么领带吗？你当然不记得。但是所有到场的女士可能都记得。你只要记住这一点就行了。

女性评价男性的另一种方式就是通过那 2% 的人的言行。正如我们在最糟糕的情况中所描述的，她们努力做到有备而来，所以一旦遇到时机，她们就会有所防备，应对不得体的行为。

你我甚至彼此素不相识，但是我圈子里的女士们会根据你的所作所为对我做出判断，反之亦然。我们是一个男性团队，我们要相互了解、相互支持。也就是说我们总是代表着我们所属的性别，塑造着他人所期望的形象。

如果你认为我在夸大其词，想想那些把自己肮脏的一面暴露在公众面前的名人：丑闻、包二奶、虐待、假公济私、把女性当作私有财产一样占有，甚至酒醉闹事。当你只是在规规矩矩做自己的生意，没做任何一件这样的事时，你可曾感受到这种行为带来的不良影响？你可曾注意到当这些丑闻曝光后，人们有时对他人的看法也会改变，或者更加怀疑。

几年前，有一个很出名的政客被判有罪，他不仅和一个女子有不正当关系，而且是和两个——同时。是的，我是说这下可够他应付的。当然，这俩女性碰巧又都是大美女，让我那漂亮的妻子脑筋转得飞快，不知想哪儿去了。当我们躺在床上休息，看着新闻里播出的这桩丑闻时，她转过身来问我（我敢肯定你知道下文会是什么了），“亲爱的？你不会有外遇吧，会吗？”对我来说，这个问题看似公平，实则不然，它搞得我很紧张，因为老实讲我是没有外遇，但更重要的是我要事先准备好怎么回答。我回答得非常好：“当然不会了，亲爱的。我有你一人足矣。”

但那并不是她要问的问题。她想知道的是，“亲爱的，你不会也想像他那样同时搞上两个女人吧，你会吗？”我真是无语。对我来说，我想做的和我真正去做的是完全不同的两码事，虽然我是个理智的已婚男性，对妻子一心一意，但终究还是会受到雄性激素的刺激。我保证我不会去做，但你问我想不想去做让我有一种犯罪感，况且我什么事都还没做呢！我信誓旦旦地回答说，“不，亲爱的。你就是我的一切。”也许只是对她提的问题感到吃惊，我迟疑片刻才回答。我会想着同时和两个美腿修长、惊艳无比、贪得无厌的女色情狂鬼混在一起吗？我还在想这事呢，她半开玩笑地和我打趣，“你撒谎！你当然会了！每个男人都想那样。看那家伙多有本事，他还真做了。所以你可能也想做同样的事，你们这些男人！”

从我们出门的那一刻起，直到晚上上床睡觉（你也看到了，有时到这会儿都不止），我们所有人都在被品评、打量、归类、定型和以此类推。生活就是这样。少数人做的事，多数人为他背黑锅。

让我生气的是这个假设的最后一点。我不骗你，我只是有着男性的思维和欲望。就因为这，我现在和这个粗鲁的、脑子不怎么好使的政客成了同一类人。和他扯上关系让我觉得有种犯罪感。这是个别现象成为整体观念的一个经典例子。

我们男士必须个人表现出众才能帮助男性团队这个整体。下次当你有某种冲动想做一些哪怕会给你带来一点点麻烦的事，你都要考虑一下为了团队利益，牺牲个人利益。我们要记住我们在女性面前的个人行为影响着我们的整体形象，让我们把“为团队利益牺牲个人利益”作为新的箴言，并赋予它新的含义。

♀ 她说……

寻找艳遇的最佳地方

一天下午，我正和一帮男性朋友喝啤酒，聊着聊着，就扯到了一个最喜欢的老话题：哪儿能找到艳遇。他们一致认为最好发生艳遇的热点地方如社交活动场合和健身房。这既让我着迷又令我感到吃惊。我进一步追问，他们给出的理由很好地解释了为什么不得体的衣着和好色的行为总是如影随形。

这帮男性们讲述了在许多社交场合，他们亲眼看见每 50 个女性当中就有 2 个穿的衣服像是准备去夜总会却无意中走错了地方拐到这儿来了。看到她们，所有在场的男性都明显分神了，有些人傻呆呆地望着她们，另一些人则小心地偷看两眼。每个男性都在看她们，大多数假装没看。剩下的 48 个女性，虽然衣着得体，却没有得到她们来这种场合——生意场合所应有的关注。

具有讽刺意味的是，这两个穿得性感风骚的女性却抱怨男性们死盯着她们看，不把她们当回事儿，还挑逗她们。是的，这些女性往往是那些把自己大尺度的照片贴在社交网站上、把自己的形象弄得很性感而不是很职业的女性。是的，她们是在进行社会交往，但因为某些原因这帮不了她们多少忙。有好多人把商业和娱乐混在一起，不可避免会在脸谱之类的网站上网罗一大帮业务上的和私人的“朋友”。我以前常看到女性们犯这样的错误，把乳沟深露的照片放在脸谱网上，现在这类不雅照又出现在 Linkedln 了，这是一个只用于商业社交的网站啊！

这些女性一方面在那儿卖弄“资本”，一方面又让我给她们介绍工作，让我觉得很不自在。虽然她们可能非常胜任所询问的工作，但是这些照片有损她们的信誉，所以我退避三舍。

我的合著者对此就深感不安。如果他们不管以何种方式与这种人扯上关系，接着发生的事情就是因为与这些人有瓜葛而有一种负罪感。有时，通过 Linkedln 或脸谱这类社交网站联系到的商业人士看似精明能干。之后，这人把照片换成不怎么体面的那种，或是在你的博客写些带点儿挑逗性的文字，你就会遇到类似这种问题：有的人可能在仔细研究伊凡或弗兰克的资料，结果发现他们与那些穿着低腰裤 - 豹纹衫 - 烈艳红唇的女郎有联系！他们像她一样缺乏判断力，因此他们的整个声誉也受到质疑。

这就是为什么我的男性朋友们都认为在社交场合找艳遇最有效的确切原因。我们三人都很担心当我们和那些乳沟深露的客户建立连接后会传递什么样的信息。

人们不明白社交活动的目的吗？

如果我发帖邀请大家参加我儿子 5 岁的生日派对，并详细写明会有小丑表演、游戏及派礼包活动，这样你不就很清楚自己要参加的是哪种活动了吗？想象一下，假如我妹妹打算把她那很不擅长社交的男友李（为保护个人隐私，此处仅用化名）带来参加派对，而李决定要带上他那些有名的减肥产品，并且想拉拢一些妈咪们做他的新客户。

他开始摆桌子展示他的产品，而且吸引来一些怀疑的目光，但之后有些妈咪觉得好奇，虽然明显看出我很生气，也开始向他问询产品。很快，一群女性就在那儿七嘴八舌讨论起产品效果如何，而且在掏腰包了，孩子们在玩也没人管。

如果遇上这事你会觉得怎样？也许有点儿被人背叛了的感觉？如果我真是为我的孩子精心策划了一场生日派对，有些傻瓜想利用这次活动，我会把它看作是一场包围战，我希望我的朋友“和我一起作战”。我是一个非常忠诚的人。我对此抱有的幻想是我的朋友们会觉得这事无法接受，会说出类似这样的话，“我去告诉他，他不能这样做。你去照顾孩子们。别担心，包在我们身上。”我希望有点儿姐们儿情谊！几乎我认识的所有女性都想减肥，但不能经不起一点儿诱惑就溜过去和他讨论产品的事，因为姐们儿的情谊更重要。

如果我的朋友认为那一点点诱惑比和孩子们度过一段美好的时光更重要，我就会有一种被抛弃的感觉。你明白这个比方吗？如果这种事情发生过几次，女性们就会把孩子们的生日派对想成是一个储备绝佳减肥产品的好地方。谁还会再对孩子们的活动有兴趣呢？我们需要把注意力集中到目标上来——有效的、沟通良好的、直接的人际交往。我们每个人承担的责任越多，少数人破坏多数人形象的作用就越小。

我们调查的男性所说的一些让人遗憾的言论就表明这种不良影响会愈演愈烈，每传播一次，其影响面就会扩大：

> 我不是说要性别歧视，但是漂亮的女商人在社交场合总会吸引一大群人，而且男士们也认为给这个魅力十足的女性生意做，某种程度上会更讨她的喜欢。
>
> 和非常有魅力的女性打交道也许会影响你的经营策略。
>
> 男性们更愿意去帮助一个颇有魅力的女性。

有魅力和衣着性感是有区别的。非常有魅力的女性会打消别人与她调情的念头，但依然会让人觉得很愉快，并且心无杂念，专心谈生意。

你在极力推销什么？

作为一个物种，我们最强烈的驱动力就是性。这就是利用性向大多数人推销大多数东西都管用的原因。我们甚至也用性来向你推销这本书，或者说至少激发一下你的兴趣，直到你发现其中另有深意。但首先我们必须要让你拣起这本书来看，不是吗？如果你想推销一部车，只要在上面盖上一块印着几个穿得很少的女性像的罩子就行了。如果你想推销啤酒，你就设计这样一个场景，一个典型的傻子正搂着一群身材丰满的模特，在那大口大口地痛饮啤酒。

利用半遮半掩的性感美女向男性推销东西的做法早就有了。这里有种暗示，如果小伙子买了产品，他就会得到这个姑娘。即使是婚姻幸福、夫妻恩爱、关系和谐的男性也渴望把自己想成是颇有阳刚之气的男子汉，恨不得整个村子里就他一个猛男。

好，这或许显得过于戏剧性，但是在动物界和人类社会里，雄性希望自己的后代能够傲立群雄的不争事实在很多方面都会明显地体现出来。在人类进化的初期，让多个女性受孕的冲动才成就了今天的我们。我知道我讲的你都明白，但是当人们在搞乱子的时候却忘记了这种冲动的力量。你听说过狂人吗？是的，这种人是醉翁之意不在酒。周围的人以为他们要发疯了！

随便拿起一本男性杂志，或只是花一个下午看场足球赛，数数有多少产品是以暴露的性感女郎为诱饵推销给男性的。男性大脑产生的化学物质使得他们经受不住这种手段的诱惑。当然，男性是可以控制住自己的。那是道德和纪律的约束。但为什么要让通往成功的道路上布满地雷，把我们引向失败呢？男性是视觉动物。即使他们在努力地集中精力做别的事情，也还是会为丰满的胸部而分神。男性就是这么回事。

桑蒂·菲德翰在其《写给女性》的书中，通过几百例的访谈发现男性真的是视觉动物，她的结论是即使婚姻幸福的男性也会为漂亮女性而分心。

你的目光应落在何处?

有一个最常用的建议,是我反复和那些跟女性打交道的男性强调的,就是写着名字的胸卡放的位置很尴尬。我强烈建议男士们要注视着女性的眼睛，别看她的胸部。但是对于令人讨厌的胸卡问题我们该怎么办?我发现自己在开始交谈时至少有两次不得不再核对一下我正与其说话的那个人的胸卡。尽管我只是读出她卡上的名字“玛莎”，但随着谈话的进行，我们不断更换话题，我发现自己不得不再看一下明迪（或者是玛拉？）的胸卡。哦，对，是玛莎。现在我和她交谈时可以叫上来她的名字了，所有人都喜欢别人能叫上自己的名字。

这里有三个矛盾的地方：我们都喜欢别人能叫出自己的名字、胸卡放在胸前、在商业场合男性不应该盯着女性的胸部。那男性该怎么办?如果再想一会儿，本来沉稳、自信的男性也被搞得不知所措、很是紧张。

正如你所料，这就引出一个由来已久的话题，男性们是多么容易为胸部而分心。有位男士告诉我，他发现如果女性们不把胸卡放在胸前会很有帮助,因为他很担心人家会认为他在盯着……你知道我说的是什么。我想强调的是：但是胸卡放在哪个地方更好呢，额头上吗?

有位男同事最近告诉我他讨厌胸卡，因为他“受人教导了一辈子，不要看女性的那个部位！”我注意到站在离我们不远处的一个女性，走起路来她的胸卡就在她那撩人的乳沟之间晃来晃去;我还想起在调查中,有个很沮丧的女性说过的另一句话：“我发现男性们对我丰满的胸部比对我的生意更感兴趣，尽管我绝没有炫耀它们的意思，大多数男性都是心不在焉地和我说话。注意力一点儿不集中，我很难让他们把我当成一个精明能干的女商人来认真对待。”我能理解我的朋友和那些努力想让人把注意力集中到她们的信誉和技能上的女性所处的困境。

穿成那样没人会把你当回事儿

女士们，当你出席某个商业社交活动时，你的穿着是为了谈生意，不是去约会。如果你想让别人拿你当回事儿，就别在那儿卖弄风骚，或

盯着人家看还是在记对方的名字？别让人逮个正着！

各位男士，快速地瞥一眼胸卡和色迷迷地盯着人家的胸部是完全不同的。大多数时候，我们是能看出偶尔看一下胸卡和久久地、反复地、越位地盯着看的区别的。在此提出几点建议，以免别人说你有偷窥之嫌：

- 既专心谈话，同时又偷看对方身体的某些部位是很难做到的。如果你真的是在认真倾听，并且谈得很投入，你就不会色迷迷地看着人家。尝试着去问一些你一般不会去问的问题，让自己的注意力集中。
- 第一次和人见面，看着她们的胸卡，大声说出她们的名字，想着她们的名字就写在脑门上。想象写出来的东西可以帮助记忆，并且会把你的目光集中在对方的脸部。
- 运用另外一些记忆法。要想牢记某个东西，需要做三件事：观察、联想和形象化。要想全面了解有关记忆方面的训练技巧，请登录 www.buildyourmemory.com 网站，阅读一些很有帮助的教程。

是看着就像那种人。怎样才得体呢？很可能有些误会在于我们的企业文化。《今日美国》刊登了一篇文章，采访了几家公司，他们对于商务休闲装的定义各不相同，但是 Five Point Capital，这家设在圣迭戈的专业设备租赁公司，却要求任何人不得露出肩膀到膝盖的部分，胳膊除外。说得很明白，是吧？尽管公司允许员工在周五穿牛仔裤，但怎样穿才不会性感，公司有明确的规定，所以人们不会不清楚。www.theladders.com 网站对 2,243 名高管进行了一项调查，其中 36% 的人认为穿休闲装似乎更有创意。但 49% 的人觉得穿休闲装会有别人不把其当回事儿的风险。许多公司已经取消了周五穿休闲装的做法，因为这样做就失去控制了。据《今日美国》的调查，53% 的企业为员工提供了商务休闲装，但仅仅 5 年后，这一比例就下降到只有 38% 了。

用职业着装影响他人的看法

如何靠技能而不是色相取胜，最好的办法是什么，有什么诀窍吗？方法就是穿得干净利落、端庄得体。以下是一些关于得体的商务着装的指南，并配有图片和说明：

女士：http://businessnetworkingandsex.com/women-dress/

男士：http://businessnetworkingandsex.com/men-dress/

仔细考虑一下商务礼仪专家、职业演讲者、企业培训师和作家莉迪亚·拉姆齐提出的这些建议。莉迪亚在所著的一本书《推销的风度：优雅之中见效益》中，详细地介绍了如何将你的仪表与你的商业目标结合起来。

- 穿最正统的裙装或裤装。套裙是最体现职业风格的。除少数情况外，连衣裙不像套裙那样正式，除非搭配合适的上衣。
- 裙长应达到膝盖或稍微在膝盖上下。避免过长或过短。裙长在膝盖以上 2 英寸，就会引人注目、让人怀疑。
- 裤长应达到脚面或鞋面。虽然卡普里裤装以及各类裤长到小腿中部或脚踝的七分裤、九分裤等时装裤是最新潮流，但不适合在正统的商业场合穿。
- 女士衬衫和毛衣增加了女装的色彩和款式，但应该穿着美丽动人而不是暴露。领口和腰身不得体也会给人一种错误的印象。
- 在商业场合女士要穿长统袜。中性色或肉色袜是最佳选择。绝不要穿黑色长统袜配浅色衣服或鞋子。在办公桌的抽屉里多备一双长统袜，除非隔壁或离办公室不远的街上就有袜店。
- 在商业场合，脸才是关注的重点，而不是脚，所以要选传统样式的鞋子。低跟鞋比平底或高跟鞋更体现职业风格。尽管现在很流行，但是凉鞋、露脚趾的或裸后跟的鞋都不适合在办公室穿。凉鞋不仅有安全风险，还暗示着有某种公务活动。
- 对于配饰和首饰，越少越好。简单大方：一只手上只戴一枚戒指，一只耳朵只戴一枚耳环。配饰应体现出你的个性，而不是有损你的信誉。

推销、推荐还是兼而有之

紧身的衬衣、尖尖的高跟鞋不仅不会增加你的信誉，而且也不会让你得到别人的推荐。当你在穿衣时，记住下面这句话，它出自一个不愿透露名称的、值得信赖的商业机构的指导原则：

“性感可以推销东西，但不能帮你获得推荐。”

一般来讲，大多数出席社交活动和商业活动的女性都穿得很职业化，我可能是白费口舌，但我们都必须认识到个别现象是会影响整体看法的。并非所有的男性都盯着对方身体的某些部位，也并不是所有的女性都打扮得像是去参加狂欢派对，但是少数几个这样做的人会引起所有人的注意。

这有点儿像汽车追尾引起交通堵塞。谁也不想堵在路上，几乎所有人都很生气、想知道究竟是何人在挡道。我们伸长脖子观望，是什么东西堵了这么长时间。当我们真正知道了问题的原因，我们也放慢了车速，呆呆地看着这起可怕的事故，更加重了交通的堵塞。在高速路上花上一个小时并不是件好事，我们来也不是为了这个，但是眼前这种乱七八糟的样子，你也无能为力，只有在那儿看热闹。更火上浇油的是，看热闹的许多人还在想，“那家伙怎么会那样把车撞到树上呢？”接下来他们知道的就是自己撞上了前面骑摩托车的人，因为他们不记得自己当初来这儿的目的是什么：安全地从A地到达B地。

一个或两个表现出格、影响不良的人制造的混乱场面比正经做事的人更能引起人们的注意。结果男性们会认为参加社交活动的女性是为了约会、认识男性或是去玩乐。这可不是我们想要的看法，因为它会导致这种想法：

> 我发现我在社交场合更多的是被人挑逗，别人和我接近不是为了谈生意。肯定都是这样。

我们没必要个个穿得都像尼姑或和尚，但是我们必须穿着得体，如果别人在街上看到我们，仅从我们的衣着就能猜出我们是去参加商务有关的活动。不会想到别的。现在就让我们进一步详细地了解调查结果吧。

第 2 章

两性的共性以及不同的视角和动机

调查说……

社交对你的成功有作用吗?

我们问调查对象的第一个问题就是社交是否是他们成功道路上不可缺少的一个因素。91% 以上的人说“是”（见图 2–1）。91% 是个不小的比例，可以说掀起了一股赞成的浪潮。你还记得上次提到 91% 的商业人士意见一致是什么时候吗？他们在这一个问题上的意见非常一致，由此形成的统一战线压倒一切，这也是促成此书的一个关键动因。社交是全世界商人取得成功的一个非常重要的因素。

几个月前，我和南加利福尼亚大学的校长还有附属商学院的院长共进午餐。我们谈到了很多事情，但是校长特意问我，对商学院如何能更好地教育学生有何建议。这个问题我甚至想都不用想。我告诉他去开设社交、社会资本、情商方面的课程。

我们授予人们市场营销、商务运营甚至企业管理方面的学士学位，但我们几乎没有教过他们关于这门课程的任何东西，而实际上每个经商者都说这门课程非常重要——那就是社交。

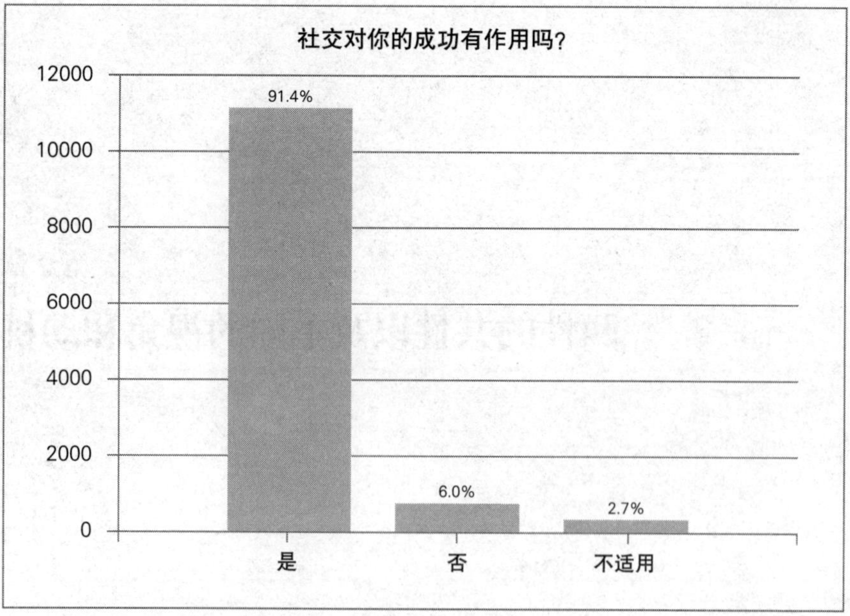

图 2–1 社交对你的成功有作用吗?

他问我为什么，我告诉他生意做得最好的企业家都把他们所取得的成功归功于社交、推荐和在人际关系上的投资。另外，社会资本和情商也是成功地进行社交互动的关键因素。换句话说，成功的商人会把精力用在建立人际关系上，有很高的情商技能（或者努力培养这种技能），和对社交活动的执着热情。

无可估量的财富

到底什么是情商呢？你可能听到近来这个词到处都在使用，因为研究人员越来越发现它的重要性，对预测人一生的成功而言，它甚至超过了智商。情商是指能够感知、理解、评估和控制自己的情绪，以及敏锐地意识到他人情绪的能力。拥有高情商，会让你在生活的各个方面具有与人交往、进行良好沟通的最终力量。

每天从情商和社会资本中发掘出的财富是非常惊人的。社会学家、心理学家和科学家们发现个人和事业的成功，甚至身体的健康都离不开

智商、情商和社会资本

人们可以因智商（IQ）而被聘用，但因情商（EQ）而受到重用。社会资本是通过个人和工作上的关系而形成的资源。

高度发达的情商和广泛的社会资本，随着这些新的发现，我们的社会正在大步前进。

我告诉院长这些对于建立一个完善的商业教育体系有多么重要，并且问他为什么所有的商学院都不开设这些课程。校长和院长你看我、我看你，然后院长傲慢地回答说，“我的教授们从来不在这儿教这些东西。那都是软科学。”

劳驾再说一遍？我们把那些刚刚崭露头角的商科学生送到拼个你死我活的商场上，竟然不教给他们事实上每个企业家都说对于成功最为重要的一项能力吗？我们授予他们市场营销、商务运营甚至企业管理的学士学位，却几乎不教他们一丁点社会科学或社交实践方面的知识，让他们做好准备经历最长的一个过程，建立一个商业网络，里面都是对他们很有信心的推荐人和回头客吗？教人们如何有效地沟通是软科学？

“什么是领导力？”我问院长。“你是教领导力的，对吗？领导力的软科学成分就比社交能力少吗？”他无言以对。

社交学是刚刚被整理汇编、形成体系的学科领域。这门“软科学”和社会资本及情商正在被人们所教授，虽然很遗憾这门课程并不在主要的商学院的课程之列。社交课程更像是高级营销培训这些取得学位后的培训项目，比如企业家布莱恩·崔西的培训课程，以及国际商业社交（BNI）和商业推荐研究院等专业机构提供的培训。

社交是一种途径，通过它可以积累社会资本、学习建立口碑的技巧，二者都是开拓业务至关重要的条件。全世界的商学院都要重视这一课程的教学，它是成功的要素。未能掌握先进技术的企业会被淘汰，同样的道理，不重视这类课程的商学院也会被淘汰。具有实际商业经验的教师

商业教育的未来

尽管社交传媒有诸多益处，但面对面的交往仍然是你实现目标和帮助他人的最有效、最有力的方式。在大学里，对这门课程的教学还很不够。

我相信随着越来越多的商学院敞开大门，欢迎那些希望将社交纳入其市场营销课程的教授，我们将看到形势会发生大的转变。我们将看到商学院真正地在教一门商业人士普遍认为重要的课程。我们将看到从大学里走出来的企业家们学到了另一种企业成功的策略。我们将看到社交在商界大显身手。

——韦恩·贝克博士，密歇根大学罗伯特·P·托姆商业管理教授、史蒂文·M·罗斯商学院管理与组织学教授

很明白这一点，而且一定感到很沮丧，因为意识到现实生活与模拟教学之间是有差距的。

许多参与调查的经验丰富的专业人员都强调社交技巧的重要性，要懂得经商之道，社交是不可缺少的一项内容。这位受访者甚至觉得它是创造平等机会的重要途径：

社交为男女两性提供了一个公平的赛场，让我们有均等的机会，互相学习彼此的经验，不管是好的方面还是差的方面。我向各位希望在人生的旅途中学习、成长、取得巨大成就的人大力推荐社交理念。它绝对可以为你营造一个能够让你实现你的目标的环境。

另一个受访者的回答更进一步，它补充的这点经过许多研究的证实：

大多数商机都是通过社交发现或创造的。

这些观点恰恰说明社交真的可以改变一个人的一生：

回顾人生的重大时刻（商业生涯和个人生活）是件有意义的事，你会发现它们其实都源于一个很小的决定——常常是和某个人的一席话、一次见面，或主动去找某个人。明白了这一点，我总是很珍惜每次认识新人的机会，把它看作一个可能改变人生的机遇（对双方来讲）。

入行之初，我加入了一个高级女白领的俱乐部。入会期间，我被解雇，失去了一份很好的工作。我垂头丧气地去参加俱乐部的下一次会议，我像往常大家互相做介绍那样，站起来做自我介绍，我告诉她们那天发生的事。等会议结束时，那些人已经为我预约了三份新的工作！太棒了。

在我的职业生涯中，几乎每一份工作都是通过社交活动找到的。每次都是我的朋友或有业务关系的人介绍给我的。

随着越来越多的商学院聘请那些希望将社交纳入其营销课程的教授来任教，我们将看到形势会发生一个大的转变。商学院会真正推崇专业人士认为重要的东西，从大学里走出来的企业家会掌握更多的技巧、掌握更多的成功策略。只有到那时，社交才能在业界最大限度地发挥它的作用。

现在，我们来看一下调查结果，了解社交是如何发挥如此威力的。

社交对不同性别成功的作用

如图 2–2 所示，男性和女性一致认为社交对于他们事业的成功发挥了重要的作用。给予肯定回答的女性多于男性，虽然相差不大，但具有统计显著性。

有些人，比如这位，就认为女性比男性更擅长社交：

女性比男性更擅长社交。得到她们的信任需要较长的时间，但如果你用安全的手段，别去吓她们，并且加强以后的联系，你会赢得她们对你的信任。

当引入数据来比较肯定和否定的回答时，另外一些差别就显得更加明显了。从图 2–3 可以看出，在认为社交对其成功没有作用的人当中，男性占的比例更大，差的还不是一点半点。你会发现说“没有”的那些人多半是男性，几乎占 60%。而认为社交对其成功不起作用的人当中女性只占 40%。最终结果是，大多数人都认为社交对他们的成功很有帮助，其中女性稍多。

为什么认为社交对其成功很有帮助的女性多于男性呢？从以下调查对象的回答你就能明白：

> 我相信我在社交和得到推荐方面的成功源于我天生就很会照顾人。这种细心呵护驱使我从头到尾把一个项目跟下来，确保我的客户成功。同样的驱动力使我成为一个很好的社交者，不会急于求成。这种细心照顾的本能也许是男性和女性社交者之间存在的最大差别。

女性是否真的比男性总体上更会“照顾人”，这个问题不在我们的讨论范畴，但以下的回答却说到了点子上：

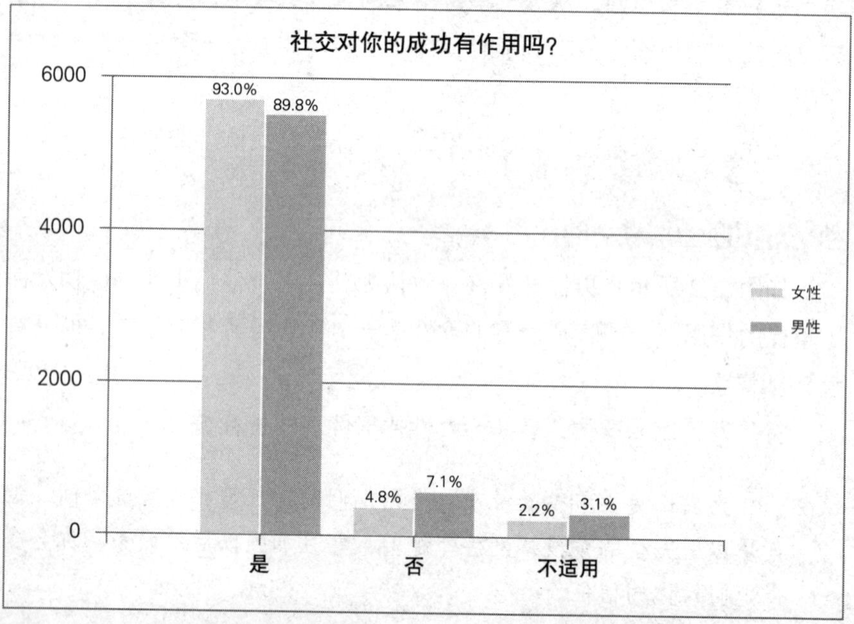

图 2–2 社交对不同性别成功的作用

你的性别？

社交对你的成功有作用吗？			
	有	没有	总应答率
女性	50.7% (5,709)	40.1% (294)	50.0% (6,003)
男性	49.3% (5,561)	59.9% (440)	50.0% (6,001)
回答问题	11,270	734	12,004
跳过问题			0

图 2–3　不同性别将成功归于社交的观点

女性之间会互相照顾而且会花时间去了解他人。

女性把其一生都在实践的、儿时就习得的游戏中的社交技巧照搬到了社交场合。她们寻找与他人的共同点，问一些表示关切的问题，比如是不是很难找到车位。

这些说法也适用于男性吗？儿时玩沙盒游戏时的社会经验会从根本上形成男女两性的行为、价值观、看问题的角度，并影响到他们成年后的社交活动吗？同意上述观点的女性肯定是这样认为的。

我们的调查数据和调查对象的反馈都显示女性很看重社交中的人际关系，强调要花时间去了解社交圈子里的人，这很重要。有例为证：

我社交圈子里的女性真的给我很多支持。我是 1999 年加入这个圈子的，从那以后，像圈内的其他人一样，我的事业蒸蒸日上。加入这个圈子后，母亲和姐姐相继离世。我知道她们深知我所经历的一切，看到我能够挺过那段艰难的日子，对她们也是一种鼓舞，这种感觉非常好。和男性在一起我从来没有这样的感受。

我们又一次看到女性把同伴的关爱看作是社交体验中最重要的部分——而且明确指出她所接触到的男性在这方面是不同的。

"统计显著性"的真正含义是什么

"统计显著性"这个词有时会把人搞得很糊涂，它真正所指的是结果很可信，如果同样的研究重复100次，其中95次（或以上）会产生同样的结果。

试想你在跑马拉松，比赛当天万事俱备。天气不冷不热，16摄氏度，你穿着最舒服的短裤和T恤衫，精神状态也很好，做好了充分的准备。只有一件小事不那么完美，就是你跑到5英里时发现：鞋里有一粒很小的沙粒。尽管它很小很小，即使你有时间脱下鞋子也未必能看得见，但它磨起的水泡会影响或中断你的长跑。跑步者鞋里的一粒沙尽管很小，但却具有统计显著性。

正如你从这一比方中所看到的，"统计显著性"还意味着一些细微的结果是不容忽视的，它往往预示着可能引起其他的事情。

♂ 他说……

社交成功

首先我们要确定的是男性和女性获得成功的方式是不同的。搞清楚对他们各自来讲，什么是最重要的，将有助于我们理解为什么他们用各自的标准来定义自己的成功（或不成功）。这种理解不只是为了给我们一种安慰，让大家保持一致——因为我们本来就不一致！激发我们的动力就大不相同。了解激发彼此的动力，在业务和个人之间的沟通上就掌握了内在优势，最终帮助我们影响底线。弄清楚两性对于成功的不同定义，也就明白了为什么女性对自身成功的评价要高于男性。

如果你让一个男性明确地说他的社交活动是否成功，他会根据这些活动让他做成了多少笔生意来给你一个答复。他脑子里在打自己的小算盘，算盘珠子拨来拨去，在算计有多少对话给他带来了金钱的收益。如果算盘珠子加起来的总和达到了他的底线，他就认为是成功的。从远古时代起，产出和收获的概念就成了激发他们的动力。

回到我们还是原始人的时代，这种想法和那时真的没多大区别。我可以想象自己身处那个时代，为家人捕获、提供食物，带回家里，有种满足感和成就感，用今天的话说就是“成交”。如果我能满足家人的需求，我作为原始人的自尊就得到极大的满足。我带回家的东西就是我的底线，就是我对成功的定义。

她评论……

我可以想象你们嘴里咕咕哝哝、缠着腰布、一副猎人装束，很得意的样子。

他回应……

好，先不谈缠着腰布的样子，最原始的时候我们是这个样子。正如远古人决定着某些现代人依然保留的特征，想象一下那些早已远去的生活在山洞里的日子，为了养育孩子、把有限的资源集中起来，需要原始人姐妹们形成一个圈子，团结互助、共渡难关。

同样，如果你让现代女性评价一下她的社交活动是否成功，她脑子里的小算盘是一共发展了多少新的关系，如果这个数目大，她就认为自己是成功的。她还会根据现有的关系有多少得到了进一步的巩固、她的社交和谈话技巧得到了多少提高来计算自己的成功。

那底线呢？成功怎么能没有底线呢？这是多么可笑的徒劳和犯傻啊？商业社交应该是将结果转变成生意。不是去建立友谊、寻开心。也不应该光是没完没了地建立人际关系，却不产生任何结果。它要的就是你从每个人际关系里得到了什么。

现在很明显了，男性和女性对成功的定义不同。我们都是按照各自所认为的符合我们心意的成就来定义我们个人的成功。对男性而言，成功是以做成更大的买卖、获得更大的利润、拓宽业务范围、开拓新市场、卖出多少产品和服务、结成多少未来可以带来更多生意的战略联盟来计算的。

换作是我，宁肯在社交圈里认识的人不多，但能给我带来最大的利润，也不愿意交上几十个新朋友，给我带不来一分钱！男士们，你们是不是也支持我这种观点？社交的目的就是为了让底线更加充实，你同意吗？

男同胞们，很抱歉我不得不这样说你们。如果你同意我的观点你就错了。如果你是这样安排自己的社交活动，那么你很可能会失去大把的生意。要想在社交圈里游刃有余、尽最大可能长时间地提高你的底线，你就要采取不同的方式做好几件事。首先，你要按照女性的规则而不是你自己的规则来做事。女性希望建立稳固的关系，如果你能迎合她们的口味，不仅你会得到女士们的信任，而且你学到的人际关系新技巧也会让你和男性们之间建立更长期的联系。

她评论……

当我们女性经过时间的证明，用忠诚和卓越的表现建立起人际关系的基础时，我们就会觉得彼此之间开始搭起坚实和信任的桥梁。那就是关系！一旦建立起信任，我们就有了信心。当有了信心和信任，忠诚和源源不断的生意就会随之而来。这难道不是一种更好的做事方法吗，男士们？在你冒着有损自己名声的风险、把他们带入你最私密的圈子之前，你难道不想先知道谁会让你处于困境，谁会令你脱颖而出吗？

他回应……

我们男性一般不这么做，不是吗？如果我交往的人不能以这种或那种方式给我带来经济上的收益，那我会很快断定他们对我没有价值，不会再继续努力和他们建立关系。

且慢。这真的说得过去吗，伙计们？你真的那么快就能断定这个关系日后会不会给你带来大收益吗？你真的能预料到谁会给你介绍下一个赚大钱的机会，以及这个机会什么时候到来吗？

我当然不是建议忘掉“底线”或者把它从成功的定义中抹去。我极力推崇你做的是把成功的定义放宽一点，把建立人际关系的过程也包括进去，随着时间的推移它会给你带来更多的生意。

再提一个问题：你能记得上次是谁，你决定不再与其联系，因为其没给你带来任何生意吗？你肯定他们将来不会给你介绍挣大钱的买卖吗？你再在脑子里想一遍这个问题。不过不要太自责了。

男性与女性交往的历程

从我的职业生涯开始之际，我就意识到了解他人非常重要。为了在展示自己企业的过程中脱颖而出，我那时就已经知道最重要的推销自己的方式通常也和最有效的销售渠道联系在一起。虽然我知道通过与他人的社会交往、不断提高底线的重要性，我并没有称其为社交；我只把它当作了解他人。

当我知道了有目的、有组织的社交理念时，我全情投入。我认为有策略地建立人际关系，为的是人与人之间互相帮助、扶持，把生意做大，这种想法很好。实际上，我认为我在这方面很擅长。

一开始好像挺管用。随着销售订单、介绍的业务和成交的比例不断增加，我的生意也越做越大。我认为自己在社交方面很成功。但是它没有像我想的那样一直延续下去，随着时间的推移，它开始失去效力。理所当然，我把它看作一个我需要扩大交往圈子的信号，所以我邀请更多人加入我的社交圈子。我还加紧让人帮我提供线索、介绍业务。结果起效更慢，这下可把我难住了。

正当我竭力想弄明白为什么我的辛苦努力没有带来任何效果时，我想起了几年前听过的一句名言。“你做什么并不重要，关键是你怎么做。”嗯，我停下来，真正开始思考我做事的方法。我是在巧干还是在苦干？我意识到是后者，我只是投入了很多劳动价值，但是不明白其中的道理，或是最有效的做事方法。我只是在做我一贯在做的事情——非常努力地工作，而且认为这样就会有效果。

后来我发现了一个商业推荐会。虽然这种理念激发了我的兴趣，但是我骨子里那种纽约人的玩世不恭的态度却在嘲笑，“是的，好吧。人们通过参会可以互相给对方介绍生意，真的有用吗？我可不是一般人。”我的怀疑占了上风，我没去参加会议，接下来的半年我也拒绝了很多这类的邀请。

不知何故，我最终发现自己还是参加了一个那样的会，还真的有用，这种方式令我着迷。参加这些会议每周都有机会获得别人推荐的数千美元的业务，把我彻底迷住了。那些是我最早参加的国际商业社交组织的会议。从此开始了我的学习过程，它改变了我对商业关系的看法和对如何有效利用社交网络的认识。我开始巧干而不仅仅是苦干，而且真的大不相同。巧干让我把精力更集中在我真正想做的事情上，在较短的时间取得更好的效果。我记得当时在想我要是早一点这样做就好了。我热情高涨地投入其中，现在还是。

我之所以讲这个故事，是要强调与时俱进、紧跟当下先进的社交和商业运作模式的重要性。虽然人类在恐龙还是他们最大威胁的时代就已经在进行社交了，但是世界每几年就大变样，我们的社交和沟通方式也要跟着变。

她评论……

我想起了妈妈问的问题，“你是洞里长大的吗？”尽管这通常是指我用错了叉子，但现代的交往方式也同样是被社会默默选择接受的，如果你不遵守，你就得不到甜点，或者说生意。

他回应……

是的，我们要消息灵通、按商业沟通的最新发展做事，否则我们就会被甩在后面。落在后面就意味着被淘汰出局。至少有一段时间这样。

在专业的社交机构，更像是回到了童年在操场玩耍的日子，男性和女性可以相互学习社交技巧，使每个人的经验更加丰富、更富有成效。

所有男同胞们！听好了。我们对成功的定义是不对的。我们需要建立长期的关系，要知道一个人在接下来的五年里给你介绍的生意，会超过你一整年的奋斗目标。如果我五年都没给你介绍过一单生意，然后我给你一笔最大的、或者居于前三位的大生意，它值得你等吗？

♀ 她说……
了解异性的社交风格

全世界 91% 的商业人士都说社交对他们的成功发挥了重要作用。这难道不会自然产生一种需求，要去了解异性的沟通风格和文化吗？商业推荐研究院开展的“满屋推荐人”项目就是以了解每位参加者的行事风格为目的，这样在真正的交流会上我们就能意识到这些风格、用他们最能理解的语言讲话，遵守他们认为最重要的规则。归根结底，就是让我们以每个人所喜欢的独特方式与他们打交道。

我们对彼此研究、了解得越多，我们的社交就越成功。女士们要了解男性喜欢以何种方式交往，怎样才会让他们觉得自在和成功。如果他们看到我们在做一些对他们来说很重要的事情，这就有助于我们得到他们的重视。

社交指的是与真实的、有血有肉的人打交道，不只是通过互联网、甚至电话来沟通。通过社交网络交往很受欢迎，有时也会让人弄不清实际交往的重要性，使交往的整个过程不完整。你不可能就坐在电脑前，在网上交“友”，或者只加入一个网上商圈，指望它能为你建立一个可靠的、稳固的人脉关系网。你也不希望靠它的指引去认识专业人士，这些人你都没有真正经过一段时间的交往来了解他们的职业道德，不是吗？如果你只了解他们在网上的一面，你怎么能为人担保或让别人为你担保呢？

他评论……

实事求是地说，姐妹们！说到只想保证我能得到那笔业务，我知道我常常是一门心思就往这儿想，但是你要说我把社交的时间和信心都寄托于虚拟的网络世界，指望它来满足我的底线，这就让我感到不安了。

她回应……

归根结底两性都要相互了解，不通过实际的交往和面对面的观察你是不可能了解对方的。

女士们，世上一半的人是男性，不是吗？这不正好让我们学会用他们的语言来和他们打交道吗？这会让我们获得更大的成功，更别说是让整个交往的过程充满更多的乐趣。抓好你的小提包——疯狂的旅程马上开始啦！

从两性的角度评说社交对于成功的重要性

93% 的女性认为社交对于她们的成功发挥了重要作用，而同样有这种看法的男性占 89.9%。从数字上看好像差距不大，但正如伊凡·米斯纳以“调查”的身份刚和我们提到的“统计显著性”一样，我敢肯定你会记得马拉松运动员鞋里的小沙粒，明白我们为什么要记下这些数字。

女士们，认为成功全靠自己没有别人帮忙，说这话的男性比女性多，你们有谁会感到吃惊吗？我敢肯定这些家伙们也会认为自己的出生和成长完全是靠自己。可怜他们的母亲啊！

这直接关系到男性如何回答“你是怎么学会社交的”这一问题。许多男性说他们无师自通，所以很多这类型的超人也会认为社交对其成功没有起到作用，这也就不难理解了。真见鬼，同样这帮自以为是的家伙，在沙漠中车子的油箱快没油了、车里还有个女性快生孩子也不会停下来问问路。

他评论……

难道你不觉得有点夸大其词了吗？

她回应……

也许吧。让我们回到调查结果，阐明一下我的观点。你一想到我们的天性就很会合作，那么与男性相比，认为社交对其成功有帮助的女性占多数也就不足为奇了。弗兰克，我们用穴居时代为例打个比方，你想想洞里的女性们集体做的那些事，比如男性们外出打猎、削尖长矛或别的东西，女性们轮流值班看着火，不让它灭了。想想那些女性去周围的森林里拣柴火，同时轮班照看部落里的孩子，甚至给彼此的孩子喂奶。在远古时代，女性们不得不形成一个个团体、互相帮助求得生存，这种生存方式到今天也同样适用，虽然生存的意义少了点，更多是为了发展。

要研究的一个比较重要的问题是男性和女性对成功的定义有何不同，为什么会有不同。在一次写作聚会上，合著者弗兰克和我对引发这场复杂对话的相关统计数据进行了仔细研究。女性以关系为重、男性以生意为重这一事实，似乎直接影响着他们对成功的定义以及个人身份和自尊水平，这取决于他们在这些领域有多么优秀。这个课题本身就值得一番全面的调查。

仔细想想杰夫·康沃尔博士提供的以下材料，他是大西洋行为健康系统公司的共同创始人、总裁和首席执行官，出版了 6 本有关企业家精神的著作：

> 在过去的几十年里，我们已经看到女企业家的人数在稳步增长。选择自主创业的女性人数正在接近男性人数，但激发和推动女企业家创业的因素却往往有所不同。许多女企业家——而且，实际上，越来越多的年轻女企业家——有意限制企业的发展，以便让自己有更多的时间追求工作以外的兴趣。她们希望多点时间陪伴家人、上教堂做礼拜、参加社区活动或者发展其他的个人兴趣，比如个人爱好或旅游。

《单身、女性、企业家》一书的作者埃琳·艾伯特补充说：“女性，特别是 X 一代和 Y 一代的女性，想让自己的企业、个人生活和追求更加平衡。因此，她们选择限制企业的发展规模，不再向投资者寻求外部资金的支持或贷款使企业更加发展壮大。”

从我多年来指导男性和女性的经验来看，对认为什么最重要的定义是造成摩擦的主要原因，更不用说其他的障碍了。我相信这也是女性认为她们交往的男性不把她们当回事儿的原因。有些受访者也有同样的体会：

> 在社交场合男性不会总是表现出对女性的尊重。

当一位女士站起来说她是推销护肤品和彩妆的，或者说是做服装生意，提供上门设计服务，你可以舒舒服服和朋友在客厅里买到你要的商品，不用到商场里人挤人。这时，在场的男士常会发些牢骚、在那儿窃笑或小声嘀咕。不晓得他们只是彼此开开玩笑，不想给妻子再找个理由花他们辛苦赚来的钱呢，还是瞧不上正在发言的这位女士所从事的职业？但是，这确实是对人家不尊重、不支持，不管是不是男性们的本意。

我圈子里的男士们看了埃琳·艾伯特和杰夫·康沃尔的话，又找出另外一些假设为自己辩护，以证明他们不把女性当回事儿是有道理的：

· 她们肯定不是家庭的主要经济来源；
· 她们不把自己的生意当回事儿；
· 只是一种业余爱好，不是正经职业；
· 她们一定有其他的经济来源。

男士们不自觉地就会把女性剔除在外，认为她们不会认真对待自己的生意。这种社交业务比如家庭购物派对，表面看来很松散，但与其松散的风格相反的是，这些公司真的可以做大做强。有一个经典的例子就是创办精确税收管理公司的丹尼斯·普劳尔。她的公司被认为是体现一种生活方式的企业，她很认真地对待它。因为她是个单身女性，可以做她想做的事，她把企业打造成符合她生活方式的模式。这是她的主业，她做得非常好。此外，她还获得了很多荣誉，她是她所在的州唯一一个获得证书的专业人士，获得了通常情况下只有政府雇员才能拿到的证书。为了得到这个机会她申请了好几年，去年终于被特许参加课程班的学习。

男士们，问题出在哪儿呢？

如果男性们不能认可并尊重其他商业人士，那他们就是在自找麻烦。只欣赏和自己有共同目标的企业，抱着这种狭隘的观念是很不幸的。因为这些企业中有些是按照不同的商业模式在运转（社交销售或家庭销售），更多地利用口口相传和闲聊的技巧创造销售机会，男性们不看重这些企业是因为他们不重视这些技巧。很遗憾，“聚会”都快结束了，他们还看不明白其中的道理，这中间有人脉关系、产品和实实在在的钞票，大把好处可捞。

玫琳凯就是这种男士们常常不当回事儿或者认为没多大价值的企业的最佳例证。虽然它是一家私人企业，也不对外公布财务信息，但维基百科可以查到一些根据其许多全球经销商的收入报告得出的数据。公司成立于 1963 年，在全球有 180 万名销售人员，据推测，玫琳凯 2010 年进账 25 亿美元。

我观察到有一次玫琳凯的销售代表参加我们举办的一个社交活动，男士们做出了一些令人惊讶的行为。我失望地看到，当这位代表在介绍她的公司时，得到的反应是完全的不屑一顾。她说话时，男士们都懒得听，而是自顾自地交谈、开玩笑、说几句风凉话、在一旁窃笑。或许他们应该看看销售数字，或者考虑一下如此成功的公司没准儿能给他们介绍几笔可观的业务。男士们，你们做这种傻事儿是拿自个儿冒险，只是在伤害自己罢了。

玫琳凯、建筑师和庭院设计师

听起来像是童话故事，不是吗？一个建筑师、商业设计师和玫琳凯的销售代表有什么共同之处？一个关系网！国际商业社交组织设在印第安纳波利斯的一个分支机构拥有各类专业人才，其中包括这三种人才。

一天下午，一位玫琳凯的业务代表劳莉·科尔比，听到一个朋友说他对自己餐厅的建筑很不满意，有好多问题需要解决。她就对他说她认识一些人，或许可以帮他的忙。劳莉就把她的一个客户，昆腾建筑公司的保罗·埃乌尔，介绍给这位餐厅老板。保罗得到了一份重建餐厅的工作。他又把业务介绍给了圈内的另一个人，这人最后包揽了重新设计餐厅的业务。还雇用了圈内其他几个人共同搞这个工程。

这个事例充分证明不要低估女性的企业，她的能量大着呢。从那笔业务以后，保罗签下了一份在全美建造一系列餐厅的合同。当初的那笔

聆听大师们的教诲

对于任何我们不理解的东西，我们都是奴隶。

——弗农·霍华德

如果一个人对某人不了解，就很容易把他当成傻子。

——卡尔·荣格

业务最终成了保罗的公司发展史上最具有经济价值的一单生意。

保罗说他从未想过一个卖化妆品的人会有可能介绍给他这么一大笔生意，现在他再也不会低估一个女性的社交网络了，不管她靠什么过活儿！

相反，我还观察到另一个只有两名女性的团队，当我问男士们为什么这个团队里男性占绝对优势，他们解释说，“我们只是找不到认真做生意的女性。”可能那些男士属于对女性有误解、有负面看法的人，他们对遇到的大多数女企业家的看法有偏差，所以他们看不出把这些女性拉进自己的圈子有什么好处，因此也限制了自己赚钱的能力。

也许我们每个人对社交成功的定义是不同的，但是，如果我们想更成功，就必须以开放的心态接近对方，愿意学习和接受不同的价值观。希望去理解对方，抱着这样的心态，会让你和圈子里的人，男性也好、女性也罢，建立更紧密的关系。

调查说……
社交技巧

看一下男性和女性学习社交的方式是不是有所不同，这想来应该是件有趣的事。于是我们就问调查对象他们不同的学习方式。许多人说他们只是通过在社交圈子中的交流互动来学习所有要学的内容。这些组织通常有他们自己的培训课程和教材，所以这并不奇怪。它也提倡传统的方式，在实践中学或在职学习。通过观察别人怎么做、犯了什么错并及时地纠正，这样学得最快。学习涉及互动的技巧，亲自实践学得更快。

大多数调查对象选择一种以上的培训方法。几乎一半的人说他们是把自己当成培训工具在自己身上实践，但是这些人当中也有很多是把自我培训与参加社交圈子相结合或以书籍和文章为教材来学习。有 1/4 以上的人接受过他人的指导，他们普遍认为这是最有效的学习方法之一。

调查中许多女性都提到了以指导作为学习社交技巧的一种方法。以下就是一例：

> 良师指导和与他人交往是一种很好的方法。女性和男性在经商方面各有所长。如果我没有接受过两者的指导，我对所从事的行业就不会了解得这么透彻。

根据调查，女性比男性运用更有组织的方法来学习社交。其中的差异并不巨大，但显然具有统计显著性。最有趣的是，女性运用的辅助或工具相差甚大，但它们都主导了不同的选择（独自起作用）。换句话说，看起来女性之间的最大共同点是她们不独立去做，她们选择方法，而这

你是如何培养你的社交技巧的？（答案可以多选）						
	阅读书籍或文章	参加研讨会或课程班	找人指导	自学	参加社交圈子	总应答率
女性	**52.4% (2,786)**	**54.7% (2,452)**	**54.2% (1,541)**	46.1% (2,510)	**52.4% (4,577)**	**50.1% (5,562)**
男性	47.6% (2,529)	45.3% (2,027)	45.8% (1,301)	**53.9% (2,929)**	47.6% (4,153)	49.4% (5,539)
回答问题	5,313	4,479	2,842	5,439	8,729	**11,101**
跳过问题						2

图 2–4　男性和女性如何培养社交技巧

些方法遍布她们所能运用的各种工具。

女性更有可能通过阅读书籍和文章、参加研讨会或课程班、接受他人指导或参加社交圈子的方式来学习。相反，男性用得比女性多的唯一一种方法就是——等一下……“自己独立完成”。让人吃惊吧！

一位参与调查的女性说：

> 许多人告诉我他们所知道的最优秀社交者就是自己的母亲。我同意。我自己的母亲就是一位出色的社交者。我还没碰到过有谁跟我说他们的父亲是他们所知道的最擅长沟通的人。这是为什么呢？

哦，女士，恐怕对于你提出的这个问题，回答可能是女性似乎比男性干的家务多！根据这项全面的调查，男性不过是临时应付一下而已。

总之，尽管男性和女性在很大程度上都认为社交对其成功发挥了作用，但似乎它对女性的作用比男性稍大一些。在社交技巧的学习方法上，两者有很多认识是一致的，但是女性比男性更倾向于利用有组织的学习机会，而不是自学。

♂ 他说……

学习社交的方式

女性比男性阅读得更多、参加的研讨会多、更经常请人指导、参加社交圈子也多。男士们，我希望你们为此感到惭愧！这可不好。为什么我们唯一胜出的就是在独立去做方面呢？此时此刻，我想我作为一名男性真的感到惭愧。一方面是因为我们不仅在自我完善方面不如女性，而且我们还愿意公开承认，丝毫不觉得羞耻，甚至还带点无知的傲慢，不折不扣。（伙计们，你至少在调查中也撒个谎嘛！）

这让我想起有人吹嘘自己只用了 10% 的脑力就成功了，而人类未开发的脑力估计有 90%。你从未听过女性这样说，是吧？没有，只有男性。蠢是一回事儿，不知羞耻或不思改进地承认自己蠢是另外一回事儿。自我吹嘘简直就是愚不可及！

她评论……

喂，对自己用不着这么狠吧。我就知道你们会想明白的。终于明白了。我会冲好新鲜的热咖啡在这儿等你们。

他回应……

多谢，黑兹尔！

伙计们，我们真就这么固执，不愿意花点时间、金钱和精力用到不断学习上吗？为什么呢？为什么我们会觉得我们不需要这些手段呢？这没道理啊。想想在人类历史上为了得到我们想要的东西，我们曾认为多少东西有必要，开发过、使用过多少其他的工具啊。

再回到我之前用原始人打过的比方。让我想起一个最流行的说法：远古人类通过坐在沙石上往山下滑而发明了轮子。当他们发觉坐在轮子上走起来会快很多（即便先开始的几次会摔个狗啃泥），就产生了这个想法。还不怎么发达的大脑都能看出这种优势并加以利用。更重要的是，现如今轮子（车）已经发明出来了，而且被大量使用，只有极个别人还坚持用他们已经在用的工具（双腿），步行 20 里地去上班。有现成的工具可以帮你前行，就要用！

她评论……

我想知道是不是原始人在摔倒或伤着自己的时候，也会像我们现代人一样先看看周围，有没有人在看。真不可思议，人们会是这样，自己绊倒了伤得那么重，但最关心的却是抬起头来，与过路人目光接触，看看自己有多么狼狈。男性和女性都干过这种蠢事儿！

他回应……

是的，但男性一定会更大程度地体现出来，一些愚蠢至极的举动就是明显的例证。比如闯红灯、开着非常昂贵的红色跑车掩饰内心的自卑，做事一意孤行，比如尽管自己不是有资质的电工，还非要自己去给地下室重换电线，结果触电。实际是我们男性想给女同胞留下深刻的印象。

如果求助于他人，我们就是在承认自己的软弱和无知。哦，别自以

要责怪生物学吗?

想要酷、想自立的欲望是种很神秘的东西。我们不能确定它是一种原始的欲望还是源于自我。《男人来自火星，女人来自金星》的作者约翰·格雷博士，阐明了这一主题：

> 事实上有一种生物强化机制，从内部给予独立完成任务的男性以奖励的反馈机制。当我不依赖他人，独立完成某项任务时，睾酮（一种男性荷尔蒙）就会释放出来，它会降低我的应激水平。如果我不得不依靠他人帮助，睾酮水平就开始下降，雌激素的水平开始上升，它同时也会增加男性的应激水平。
>
> 研究表明男性在从事竞争性的活动时，他们的应激水平下降。当他们在从事合作性的活动、依靠他人帮助时，例如处于一种和谐的人际关系中，他们的应激水平其实是上升的。这些是从生理学的角度来说明你甚至在小男孩中都能看到的现象。小男孩更喜欢独立做事，更多地靠自己来完成。他们想证明他们独立完成了某项任务，因为当你独立行事时，它趋向于是一种睾酮刺激的活动；而当你和别人一起做某件事时，它倾向于受雌激素和催产素的刺激。催产素是一种荷尔蒙，已被证明会降低女性的应激水平。

为是了！你知道什么才是真正的软弱吗？软弱是认为自己无所不知，或更糟糕的是，还想让别人也这么认为。真正的强大是勇于承认弱点和不足，能表现出脆弱的一面，并且虚心学习。这才是真正的挑战，你应该去勇敢地接受。

让我们来谈谈男性建立友谊的方式。他们是通过一起做事来建立友谊的，不是坐那儿闲聊，而是真正地去完成某项活动。设想一下，你是个生活在洞里的小原始人，你的爸爸、叔叔和其他男性长辈刚刚把为家庭成员猎取食物的传统传给你。这位导师会带你出去，给你传授些经验。

需要别人教你一些新的东西，这不是什么羞耻的事，不是吗？但如果你是农场里长大的，让你和一群男性去打猎会怎样？你不知道怎么做，对吧？让你承认你不知道如何打猎会不会很困难呢？毕竟，在这种文化下，能养家糊口才算得上男子汉。

再迅速进入现代。你，作为养家糊口的人，就必须带来更多的生意。你第一次参加社交活动。最重要的是让人们觉得你很成功、很聪明、也很有能力。所以当你参加这种活动时，你不会向他人寻求帮助。你认为你慢慢就学会了。问题是你可以获得成功，但是进展很慢而且可能没有多大的潜力。如果你真的想成为你们家的“大男人”，那你就用你的勇敢和勇气寻求帮助。你越快学会如何有效地沟通，就越能迅速地为你的家庭带来收益。这就是底线！

男士们，你们还没感受到威胁吗？如果我们要继续竞争，把企业做大做强，就必须在人际关系上投资。这意味着我们必须了解女性的思维

男性要了解的数据

仔细考虑一下最近的这项民意调查，它是由 Catalyst 公司提供的调查结果，该公司是一家关注商界女性的组织：

女性在美国劳动力中所占的比例：	46.3%
《财富》500 强企业中女职员的比例：	15.4%
《财富》500 强企业中薪酬最高的女性所占比例：	6.7%
《财富》500 强企业中女性首席执行官所占比例：	2.4%
《财富》500 强企业中女性首席执行官的人数：	12
《财富》500 强之后排名 501—1000 的企业中，女性首席执行官的人数：	10
《财富》1000 强企业中女性首席执行官的总人数：	22
女性做老板的美国公司数量：	910,761
女性员工：	760 万
女性赚得的工资总额：	2176 亿美元

方式。这也许并不是件容易的事，但这是我们的使命。仔细想想这位受访者说的一番话：

> 我参加了一个以女性为主的商业团体，她们有大约 100 名成员，我是仅有的 4 名男性中的一个。我发现因为我是极少数男性中的一个，我发言时，其他人会特别注意听。但只是在我的发言和表述非常简短时她们才这样。如果我开始主导整个谈话，她们的语气和态度很快就会转变。
>
> 与女性商业团体打交道也可以很高效，只要你不喧宾夺主，心甘情愿让她们唱主角儿。

你们有些人可能在想我已经知道怎么和女性相处、愉快共事了。真的吗？你认为是这样吗？当女性有权选择雇用男性还是女性、和男性合作还是和女性合作时，在所有其他条件都相同的情况下，她们通常会选择女性；除非是出于战略方面的考虑不能选择女性。她们这么做不只是因为她的性别，而是因为她们觉得和女同胞之间联系更紧密，因为彼此有着共同的建立人际关系的技巧。这样做可能是下意识的，但是我确信无疑，这种强烈的倾向我们已是屡见不鲜了。

听起来好像是说我们无法与女性竞争，因为我们没有她们那种天性、那种思维或者从文化角度对生活的洞察力。我说的完全不是那回事儿。如果真是这样，这本书就写得没有意义了，情况恰恰相反。这本书是一个工具，可以让你对她们有所了解，这样你就绝对可以与之竞争了。

大多数女性与男性做生意都没有问题，除非所说的这个人是个十足的蠢货。一般情况下，她们不选男性作为商业合作伙伴是因为与男性之间的沟通交流不像与女性之间有共性。这是可以克服的。我们只需要学会抓住主要问题，这和我们应对任何其他的挑战一样。

那么，女性要不要学习如何更好地与男性沟通、合作呢？这难道不重要吗？毕竟，我们男性还是世界的主宰，不是吗？（请别告诉我太太这话是我说的，也别告诉任何一个我的女同事。）当然，这也同等重要。

女性也要了解男性的思维模式，超出对他们的一些刻板印象，比如男性向来都喜欢体育、啤酒、性和玩具。我知道许多女性读到这里都想知道，除了体育、啤酒、性和玩具以外，男性真的还有更多需要了解的吗？恰恰与人们的普遍看法相反，我们比你知道的要复杂一些，而且我们真的很有智慧。是的，虽然不是一贯如此，但至少在与体育、啤酒、性和玩具无关的一些事情上是这样。

我们继续看一下两性的心理和自我认知，以及它们是如何影响商业关系和交易的。

我们还有哪些不同之处？

在友谊方面，把男性凝聚在一起的是做事而不是聊天。当男性们聚在一起，他们的目的是打猎、钓鱼、整修房子、修建、跑步、骑车、游泳、打牌、打保龄球、或者做聊天以外的任何事情。这种通过共同活动加深友谊的过程从孩提时代就开始了。在小学，男孩子们扮演军人、玩触碰捉人游戏、扮怪兽和超级英雄。在玩耍的过程中，男孩子们更加了解对方。他们有一个审查的过程，决定这家伙能不能做朋友。他会骗人吗？他是个小气鬼、自私鬼或愚蠢的家伙吗？我们在一起开心吗？他接受我的建议吗？玩得高兴吗？这种玩耍的自然过程能让我们更好地去了解可能的玩伴。男孩子们玩是没有目的的。只是为了开心，但是在玩的过程中，反映出我们是否喜欢这个玩伴，有多喜欢他。

作为成年男子，我们做的是同样的事情。一起“做事”让我们聚在一起，对正在做的事情进行更有意义的讨论，不带谈感受时的感情色彩。我们会砍掉所有的情节，其结果是，我们很少去评论或评判对方。我们，作为男性，不需要评判。如果我们认为你不是我们喜欢的那种类型，我们就不跟你在一起。

她评论……

这就是为什么有些男性说会打电话来，但是从来没打过的原因吗？

他回应……

你说对了！简言之，这就是我们信奉的原则。我们倾向于把事情分开来看，不喜欢背太多情感的包袱。我们希望问题发生时，尽快把它解决掉，然后继续前进。我们会伤心、会发脾气，然后决定我们要怎么办。之后，我们要么做、要么放任不管。我们不会在接下来的两个月里还在谈论此事，想着该怎么办或再怎么重新处理一下。凭它去，我们继续往前走。

为什么所有这些都很重要呢？因为女性不是这么做事的。她们之间的友谊不是一起做事，而是聊天、分享、互相帮助、共同思考以及做任何涉及关系的事情。对于男性和女性而言，这意味着我们需要认识、了解、理解对方，并且愿意去满足异性的期望，适应对方建立关系的过程。

你可曾有过这样的经历？比如遇到某些人，想和他们有一段浪漫的关系，通常依据的标准是：你喜欢他们，他们喜欢你，你们在一起很开心而且相处融洽？他们很风趣、幽默、聪明、体贴、周到、充满激情而且很有魅力。这恰恰都是你喜欢的品格。然后，你们开始谈论生活的目标。发现你们对孩子、事业、职业生活方式以及其他重要发展方向的追求截然相反。那时你可能会觉得你的基本需求得不到满足，这个人和你意想中的人完全不同。然后你意识到这个人可能不是你的意中人，你会觉得伤心、沮丧、生气和郁闷。其中有一部分原因是你一开始就对这个人不是很了解。

在商业关系中我们谈的也是同样的事情，它可以发生在两个男性和两个女性之间，但是，更多地体现在两性之间。我们有充分的数据支持我们已了解到的全部内容：男性和女性是不同的。虽不是相去甚远，但也有明显的不同。这意味着我们有很多相似之处，有很多共同点，但不同之处又非常不同。最好的两个例子就是我们的性器官和大脑功能。我们试图通过本书加深对彼此的了解，以期达到创造更加和谐和更有成效的工作生活的最终目标。

不同之处在于我们的大脑

下面是男性和女性的大脑之间存在的一些有趣的差别：

人际关系建立

在建立关系的过程中，女性比男性更擅长沟通。为什么？她们听得更专心，而且确实是在倾听，关注讨论的每个细节，因此得到的任何解决方案都是大家的一致意见，而不是某个人的独家观点。这使得她们更容易建立彼此的信任，因此联系得更快更紧密。她们天生具有非凡的解读和领悟非语言暗示的能力，比如语气、情绪和情感共鸣。

此刻，你们男性可能在想你们已经这样做了！是的，不错。我一度很喜欢看奥普拉的脱口秀！

我们男性并不是天生的倾听者和讨论者。我们是问题的解决者。我们以任务为中心、倾向于更独立地完成整个过程。这些差异说明为什么男女之间有时很难沟通，为什么男性与男性之间的友谊看起来不像女性和女性之间的友谊。

左脑驱动与双脑驱动

女性同等地使用两侧大脑来处理问题。通过使用“双侧”大脑处理信息，女性解决问题通常比男性更富有创造性，在沟通时更容易体会到别人的感受。

男性更倾向于用左侧的大脑处理信息。

这可以用来解释为什么男性一般更擅长左脑控制的活动，从任务为中心的角度出发解决问题。

数学能力

一般来讲，这不是女性的强项。女性的下顶叶（顶叶下部区域）比男性小。但对于女性，这部分区域是用来处理感觉信息的。女性的右侧区域较大，使其能够关注特定的刺激，比如夜间婴儿的啼哭。

男性的大脑下顶叶区域一般比女性明显较大，特别是左侧部分。人们发现爱因斯坦大脑中这一区域特别大。这部分大脑被认为是控制数学能力的，证明男性更具有逻辑性，而不是感性，因为数学就是研究逻辑的。你认识多少女性喜欢《星际迷航》中的斯波克吗？我想不出一个。

他太讲究逻辑了，不可能招女性喜欢。在男性看来，他有超强的判断力，他有数学式的思维。

应激状态

女性收集的是对她们来讲能提供保护和照顾的重要东西。心理学家谢莉·E·泰勒认识到应激状态下，女性要照顾自己和孩子（照料），并且形成紧密维系的团体（交友），于是她创造了一个词组“照料和交友”。

还有一些有趣的现象：应激状态下为何会有不同的反应，究其原因也是由荷尔蒙造成的。每个人在应激状态下都会释放催产素。但是，雌激素更容易促进催产素的释放，使人产生平静和关爱感，而男性在应激状态下会大量释放一种激素睾酮，降低催产素的作用。

男性在应激状态下通常会有一种“打或逃”的反应。这就是说当我们面临紧急状态时，我们会本能地选择要么迎头痛击，要么避在一旁、不与交锋。大多数男性都不擅长两者的折中。作为真正的问题解决者，男性希望速战速决，如果他本人不打算解决它，他处理的方式就是避开它。一旦他们决定避之不理，他们就当问题已经解决了（哑口无言了吧，是的，我们就是这种人）。

超好的口才

在女性的大脑里，负责语言的两个区域比男性大，这就解释了为什么女性一般会在以语言为主的学科和与语言相关的思维方面表现突出。女性的两侧大脑都在处理语言信息。

男性则倾向于只在主要的脑半球处理语言信息。男士们，这意味着与女性争论时，你很少能占得了上风。你根本就没有那个词汇量或滔滔不绝的口才坚持到最后。还是去喝杯啤酒，等着她收声吧。

情感联系

女性大脑深处的边缘系统一般比男性大一些，使得她们会更多地接触情感，能够更好地表达情感，有助于建立亲密关系。因为具有这种联系的能力，女性较多地承担照料孩子的责任。是不是因为这一点，女性更擅长建立这种稳固的社交网络呢？

我们男性就不太理会自己的情感，或者即使在意，你要是让我们经常察言观色、巧妙应对，我们也一定会觉得不适应。这也就是说我们必须有意识地与他人建立一种联系。我们的圈子一般都比较小，而且更多地是为了完成一项任务，而不是为了互相帮助。对于那些想着本来就应该这样的人——小圈子，有共同关注的目标——你们根本不知道你们把多少钱都丢在了桌上任人捡。学着点吧。

大脑容量——男性更大一些！

女性总是说大小没关系。的确如此，至少就大脑的大小而言是这样的。女性的大脑比男性小，但具有相同的或者更高的智力。我知道你已经明白这一点了。

一般来讲，男性的大脑比女性大 11% 到 12%。这种大小的区别与智力绝对没有任何关系，只是因为男女之间体格大小不同而已。男性需要更多的神经元来控制他们较为发达的肌肉和较大的体格，所以他们的大脑较大。智力不关大小的事。它只和白质和灰质有关，这点我们以后再讲。在这里，大小并不重要。所以不要觉得有什么了不起。

疼　痛

与男性相比，女性也更有可能把她们的疼痛说出来，并且因此去寻求治疗。疼痛时被激活的大脑区域叫做杏仁核。女性是左侧的杏仁核被激活，多与内部功能相联系。这也解释了为什么女性比男性感知的疼痛更剧烈。

男性比女性更容易对付疼痛，也不会经常喊出声来。男性是右侧杏仁核被激活，与外部功能相联系。

我认为这真正的意思是女性比男性更坚强。当我的妻子生我们的第一个女儿杰奎琳时，那时我才知道女性在各方面都更坚强、更坚韧。如果要男性来生孩子，我们可能早就绝种了。

空间能力

女性大脑的顶部区域较厚，阻碍了其想象旋转物体的能力——空间能力的一个方面。

男性一般有较强的空间能力（大脑的这种能力能够让我们想象出物体的形状和运动状态），而女性一般在这方面就差一些。

当你听到女性说，“我的方向感太差了，我总觉得好像被人转了几圈，不知身在何处。”这时，你就明白其中的原因了。这也说明为什么男性对辨别方向很有信心。他们从不停下来问路，因为他们觉得他们始终控制着方向。绝对不是！

疾病的易感性

女性更容易出现情绪问题比如抑郁和焦虑。男性更容易出现阅读障碍或其他语言方面的问题。男性也更有可能被诊断为自闭症、多动症和抽动秽语综合征（这是不是说我本来就多动、读不懂东西、容易说脏话、不能用语言表达我的情感呢？那该有多酷啊？！）男士们，对大脑的研究无可争议。拿出点男性的样子，为你的病骄傲吧！严肃点，我们来看看能不能有所改变，好吗？

♀ **她说……**

你是如何学习社交技巧的？

我喜欢这个问题，这正是我所期待的。女性通过阅读、参加研讨会、接受指导的方式来学习，男性只是靠自学。女士们，你们有谁对男性在“自学”这一项的得分最高感到奇怪吗？男性们喜欢靠自己去学习任何东西。他们会从所取得的成就中获得极大的快乐和满足。想想你见过多少次你的丈夫、父亲或朋友在圣诞节的早上组装东西的情景。他们真的有先拿出说明书来看一下吗？我记得我丈夫在组装自行车的时候，剩下好多零件，太令我惊讶了。按照他的意思，这些肯定是多余的零件。男性们喜欢自己把事情搞明白。

我和一位男士坐车去参加一个活动。我问他知不知道我们要去哪里，他说不确定，但是很自信他会找到路。“你的导航呢？”我问。我得到的回答是：“哦，只有我太太在的时候我才用。我真的喜欢自己试着去找到地方，用导航全没了乐趣。实际上，那就像是我太太在车里，告诉我怎么去某个地方一样。”我笑得差点摔倒。“那你就不怕迟到或是迷了路？”“不怕，”他说，“我对这个城市太熟悉了，不需要别人告诉我怎么走！”男性们都不会先看说明书，他们直接就去做了。只有自己实在弄不明白了才会翻开说明书。别误会我的意思。有些女性也是这样的，我就是其中的一个，但是喜欢自学、独立完成任务的主要是男性。

男性还是孩子的时候，从刚懂得建立男性之间的友谊和关系的那一天起就在“靠自己”学习社交技巧了。参加体育活动是男性之间建立社交关系的重要一环。小小年纪他们就作为运动员或旁观者参加体育活动了。他们在高尔夫球场谈生意，在酒吧里喝着啤酒看着比赛谈生意。他们在大学里的男生联谊会，在毕业好多年后还会像一个牢固的生意圈一样保持着联系。他们向身边所有的男性学习社交。统计资料显示他们靠自己去学习社交技巧并不奇怪。

相比而言，女性是新跨入商界，在体育界也没多久。我们的女生联谊会在商界更多的是约会而不是建立生意上的往来。女性一般不会通过体育活动凝聚在一起，我们也没时间去泡酒吧或打高尔夫。虽然世事已经发生了很多变化，但我们仍有很长的路要走。我们必须教给我们的女儿懂得商业社交的艺术、人与人之间如何交往、互相支持、互相帮助，取得我们都向往的成就。

盖尔·埃文斯在她所著的《她赢了，你就赢了》一书中讲了下面一段话，“我意识到我像许多女性一样，不想以男性那样的方式去做事……随着岁月的流逝，我也开始认识到男性的游戏规则中有一个最重要的因素是女性所缺失的。你称其为什么都好——支持、团队合作、协助，最基本的是：男孩子们都是互相关照。女性们就不是。”盖尔进一步说道，

“我们是在小事情上互相帮助，在遇到困难的时候相互支持，遇到工作上难办的事给一些建议，但我们不是在大局上互相帮助。”

再回到我原先说的问题，女性在商界相对来说还是新手，只是刚开始涉足商业社交领域。对女性而言，学习社交技巧不会是靠一辈辈的女性们把绝密技巧代代相传，而是要靠主动寻求信息。

我孩子还小的时候，我待在家里陪伴他们。我积极参与他们学校的活动，是当地和全州家长教师协会的活跃分子。有一天，我丈夫出了事故，不能再承担大量的工作。这意味着无人去经营他创办的保险公司，这是我们唯一的家庭收入来源。突然间，我不得不离开家庭，进入企业老板的世界。很快我就领悟到如果我要让企业发展、帮助我的家庭，我就要去结交朋友。一开始，我不知道怎么去社交，到哪里社交、和谁社交。我不知所措!

我开始到处找培训班、查阅书籍、寻找可以帮我的人。那时我能找到的唯一一本书就是鲍勃·伯格写的《推荐无止境》。在书中，他讲到参加社交圈子、开始建立联系、不断跟进创造更多商机。我从头到尾读了一遍，并开始应用到我的公司。我加入了一个紧密联系的社交圈子叫做“网络”，后来发展成为BNI。我加入了商会和大使委员会，慢慢地但是稳步地开始建立起一个相当规模的社交网络。我花大量的时间寻找更多的机会学习社交技巧，听当地专家授课、阅读书籍、加入团体、找他人教我社交的技巧。那时候，没有太多的选择。

现在，我教授许多基础社交课程，来上课的几乎都是女性。每当我问她们希望从课上学到点什么时，至少会有一位女性回答，“在此之前我是个家庭主妇，从来没必要进行社交，所以我需要知道如何去做。”

现在社交领域的专家比比皆是，比以往任何时候都多，此外，还有博客、各类书籍、播客都在教社交的艺术。也有类似商业推荐研究院的机构在教授如何通过推荐开拓业务的高级技巧，以及如何建立一个成功的社交网络。

在接受调查的12,000人中，91%的人说社交对他们的成功发挥了作用。这说明培养社交的技能有多重要。大多数大学或学校都不会教你如何建立社交网络和获得推荐。是女性自己去找最能满足她们需求和日程的培训项目。为了多赚钱你必须多学习，从找份工作、充分展现自己到满足你企业的需求，建立一个强大的人脉关系网，各方面都很重要。

女士们，学会建立和发挥一个强大的商业网络的作用需要下很多工夫学习，没有人生来就有社交的基因。伊凡·米斯纳博士写了一本书，叫做《世上最有名的营销秘诀》。怎么可能既出名又还是个秘密呢？我们都知道它重要，正如你所看到的一样，人们都说它是我们成功的一个因素，但是很少有正式的机会去学这些技巧，不仅要建立一个网络，还要让它发挥作用。女性很擅长建立关系网，现在是该学习如何让它发挥作用的时候了。发挥关系网的作用是一项“施者受益”的工作，做好了双方都受益。

而男性真的是靠自己学习如何社交，他们要学的东西还多着呢。学会建立交易以外的更稳固关系、不急于求成、逐渐建立彼此的信任以及建立起能够带来稳定业务的机制是男性需要学习和不断提高的技能。我们都需要学习，只是女性的起点与男性不同。

不管两性认为他们对社交了解多少，总还是有很多东西要学的。像其他任何事物一样，社交和商业推荐的体系也是在不断发展变化的，我们也必须与时俱进，所以我们可以回头看看女性，她们努力地学习、主动找人指导，已经闯出了一条路。我们可以教我们的女儿认识社交的重要性。当她们到了上学的年龄、离开家、去上大学、去工作时，她们就会有一定的优势，已经学到了这些一般情况下只会传给男孩子的技巧。现在从商的女性和母亲比以往任何时候都多，她们应该把经商之道像父亲传给儿子一样传授给女儿。

调查说……

对社交的态度，依成功而论

调查研究中有一个结果值得讨论，那就是不同程度的成功者对社交是否起作用的看法。95%的调查对象表示社交对其成功很有帮助，这些人至少从某种程度上讲，很乐于社交。

另一方面，表示社交对其成功没起什么作用的调查对象中，近70%是一些对社交不那么乐意和完全不乐意的人。

很难判定这个结果是鸡生蛋还是蛋生鸡的关系。喜欢社交的人真的在事业上获得了更大的成功吗？还是成功让他们更加喜欢社交的过程呢？

我们曾经遇到一些人，他们说，“我希望在社交场合表现得更好一些，但我实在是不擅长。”这难道不正是一个自我实现的预言吗？你不去做怎么能做好呢？借用我朋友迈克尔·格伯在“电子商务的神话”研讨会上讲的一句话，“你不要总想着调动起人们的积极性他们就会干得更好。干得好了人们才会更有积极性。”我们倾向于同意：与其说成功促进行为，不如说行为促进成功。换句话说，你做得越多，就会做得越好。演奏乐器、体育比赛或商业社交也是同样的道理。如果你不去练习就赢不了比赛。如果你不去实践，就不会做得更好——也就是说你就不会喜欢上它。要打破这种令人沮丧的循环，就要看在整个活动的各个环节中哪些是令人愉快的。如果人们把注意力放在他们喜欢的某些社交方面，他们就会更多地去参加这种活动——这样就能享受到更多成功的快乐。比如下面这位男士，总是带太太一起参加社交活动，因为他认为太太很擅长社交，从而也提高了自己这方面的能力：

> 我太太为我做了很多社交工作。她真的很擅长主动与人交谈，等到她激起这个人谈话的兴趣时，再把我介绍给对方。然后我再接着聊来建立关系。我太太还很擅长跟人保持联系，然后一次次地把我带进去。

另一方面，也有女性说她的情商对社交的成功起了重要作用：

> 一开始就能建立一种良好的关系，使我懂得了如何在商界与他人进行最好的合作。具有这种情商是我的长处，我能帮助他人使他们的需求得到满足。这本身也帮我满足了自己的需求。

♂ 他说……
多参加社交活动

这很简单。作为成人，我们其实就是大孩子。如果我们不喜欢某件事，我们就不想去做。如果我们喜欢某项活动，我们就希望多参加。因为喜欢它，我们就会关注它，而且想把它做得更好。对于男性和商业社交来讲也是如此。喜欢社交的男性会多参加社交活动，而且越做越好。越是经常参加社交活动，社交水平就越高，取得的成果也就越大。成果越大，越受鼓舞，就越有积极性继续创造更大的成功。

如果我们看一下成人学习者，我们就知道不管男性还是女性都一样，当其全身心投入整个过程时，他就越喜欢多学点东西。成人教育学是一门给教育成人的艺术。为了激发成年人的学习热情，教学必须围绕问题展开而不是围绕内容展开；要允许和鼓励学生积极参与；鼓励他们运用以往的经验；师生之间以及学生之间相互合作；由师生共同制定教学计划；通过评估达成一致意见；要加入体验活动。为什么我现在要提及所有这些呢？因为如果我们看一下社交者的行为，并且认为行为促使他们成功，那么学习的行为就会带来更大的成功。

♀ 她说……
经营社交网络

你见过有谁对自己所做的事情态度不好，可同时又非常成功吗？我们相信自己会成功，我们做事才能取得成功。

如何才能做什么事都成功呢？通过采取正确的做事方法吗？我们调查研究的一项数据显示喜欢社交的人也会多花些时间去社交，而且有一套跟踪考察结果的体系，并会把更多的时间用在经营社交网络上。

想想你那会儿学骑自行车、溜冰或织毛衣的时候。第一次尝试你就做得很好吗？我记得我的第一辆自行车是祖父母给我买的，我爷爷扶我上车。车上装有小训练轮，一连几天我都是摇摇晃晃地在街上骑。到了第三天，我爷爷把训练轮拆掉，在旁边扶着，跟着我跑，我则努力地保持平衡，坐直身子。最后，他放开手，让我自己骑。那以后，我跌破过膝盖和胳膊肘、撞过东西、发生过许多次事故，但是还在骑，因为我喜欢。我从未想过我骑不了或放弃骑车，我只是继续骑。现在，我还骑自行车。我喜欢骑车，而且骑得很好，但那是摔了几次膝盖后才达到现在这个水平的。

社交也一样。你走出去交流，一开始不是很好，但是别放弃。读读书籍文章、听听课、找个人带你一下、请个人指导、坚持参加社交活动。每次你获得一些成功，你对它的看法就会改变，你就会获得更多的成功。你是男性还是女性都无所谓。你越是看好它，你获得的成功就越大，成功越大，你对社交的态度就越好。

第3章

沟通：交易与关系

调查说……

能见度、信誉度和盈利性的过程

为了领会本书所讨论的一些调查结果，重要的是要理解一个概念，我把它称作 VCP 过程。VCP 过程实际上并不属于调查的范畴，但它是整本书对调查的几项内容进行分析的基础。

商业人士在发展关系时，通常有两种不同的顺序，具体要看个人的喜好。第一种是先一起做生意，然后再建立关系。第二种是先重点培养关系，然后再开始一块儿做生意。我们想知道专业人士喜欢采取哪种方式，真正激发他们决定在社交活动中采取何种做事方式的动因是什么。不同性别的人会选择哪种方式，这是我们最希望通过调查来回答的一个问题，因为作为推荐营销方面的专家，我们相信 VCP 过程是建立关系的关键，要想有一个强大的商业推荐网络，私人关系是基础。

理解 VCP 过程对评价这两个因素至关重要。任何一种推荐营销的方案都涉及各种各样的关系。其中最重要的是专业人士与业务介绍人之间的关系、介绍业务的合作伙伴为你带来的发展前景以及从发展前景中网罗到的客户。

这些关系不是一出现就已经很成熟了；它们需要一段时间的培养和呵护。这些关系一开始都是临时的、脆弱的、充满了没有实现的可能性和预期，之后随着交往的经历和彼此的熟悉程度而变得更加稳固，最终发展成为相互的信任和彼此的承诺。随着关系的发展，双方给予更多的相互信任和共同利益，使这层关系经历三个重要的阶段，即能见度（visibility）、信誉度（credibility）和盈利性（profitability）阶段。这种发展过程就是我所说的 VCP 过程。

能见度

在发展关系的第一阶段,社交圈子里的每个人逐渐对彼此有所了解。在商业上讲，就是某个可能的推荐人或潜在的客户了解你企业的性质，或许是因为你的公关和广告策略，或许是通过第三方联系对你的企业有所了解。在你做生意或与身边的人交流时，这个人可能从旁观察你。你俩开始沟通、建立联系或通过电话就产品供货情况问一两个问题。你们可能互相认识了，虽然只能叫得来对方的名字，但彼此有了一些了解。许多这种关系结合起来就形成了一个随意联系的网络，它是由一个或多个共同的兴趣构成的实际联系。

能见度阶段很重要，因为它能创造机会让别人认识你、知道你。你的能见度越高，知道你的人就越多。你对他人了解得越多，私底下得到的机会就越多，你的公众形象也会随之提升，让你有更多的机会为人所接受，有推荐的机会别人也会更多地想起你。能见度需要积极保持并且不断提高；没有能见度，你就不可能达到下一个层次。

信誉度

建立信誉度有一个开始的过程，要证明你的专业信条是可信赖的，值得信任。一旦你和新结识的伙伴之间开始对彼此有所期待，并且多次得到满足，你们的关系就进入了信誉度阶段。如果双方不断地从这种关系中得到满足，那么看来这种满意将会延续，有了新的、明确的价值，你们之间的关系也开始加深。

当你遵守约定、信守诺言、明辨是非、竭诚服务、超值服务时，你的信誉度也会增加。这让我想起了“尽善尽美”这个词，它诠释了一个顶级服务人员所要具备的所有品质。古话说得好，事实胜于雄辩。你做了什么比你说你要做什么更重要，把标准定在 110% 而不仅仅是完成任务，永远不会有错。未能满足别人的期望、未能履行明确的或暗许的承诺，会把你们之间的关系扼杀在萌芽状态；这种负面能见度所带来的效应可能很长时间都挥之不去。

为了搞清楚你的信誉度如何，人们往往会找第三方求证，他们或者与你相识甚久，或者与你有过生意上的往来。人们也许会问他是否会推荐你，你是否诚实可信、你的产品质量是否有保证、你是否会如期交货。

绳打细处断。当你在评估、盘点你的 VCP 关系的时候，别忘了它具有双向性，只有双方都认可的情况下才算数。把你和对方的看法结合起来不会把你们之间感觉上的差异拉平。比方说，如果你已经把你和比尔之间的关系推进到信誉度阶段，但是比尔觉得你们还处于能见度阶段，那么你们还是处于这个阶段，直到双方都感受到了对彼此的钟爱。你要认识到你们之间的关系仍处于能见度水平，只有在双方看来都有了改进，才能进入下一个阶段。

盈利性

关系成熟与否，无论是业务关系还是私人关系，可以用盈利性来定义。双方都能得到回报吗？双方都能获得满足吗？通过给双方都带来好处，它能维持它的状态和价值吗？如果双方都不能从中获利，这种关系很可能就会瓦解。

要让一种关系经历各个发展阶段，所需的时间大不相同。对于某些关系，一周内就能获得盈利性，有些则需要一个月，甚至一年的时间，而且一般很难预测。紧急情况下，或许双方都有机会迅速地随机应变、在规定的期限内完成艰巨的任务。经过这种突如其来的、极具挑战性的项目，你们双方也许会在一夜之间从能见度阶段跨入信誉度阶段，很快

记住车尾贴纸“质疑现实”

要创造性地思考问题，永远别怕重新评价你们的关系。你也许会获得令人愉快的惊喜。你的世界你做主！不要任他人摆布。

就向对方展示出通常需要几年时间才能显现出来的品质。盈利性也是如此；或许很快就能获得，或许要等上几年，它取决于你所处的环境和你所拥有的展示自己的机会。大多数关系会处于两者之间，在共同完成许多小项目的过程中，慢慢地、一点一点积累起来，直到赢得了彼此的信任和认可。无论关系进展迅速还是发展缓慢，主要取决于双方取悦对方的热情和欲望，以及他们介绍业务的频率和质量。

目光短浅会阻碍关系的充分发展。也许你是跟某个卖家做过生意的客户，几个月来断断续续做过些生意，但是为了省钱，你一直在寻找最低的价格，毫不理会卖家的一流服务、慷慨大方、坚定可靠、随时恭候所包含的真正价值。一味地想着降低成本，你真的从中获利了，还是阻碍了关系的发展呢？或许你要是把所有的业务都给了这个卖家，你就可以达成对双方都有利的条件。

要注意这是个推荐过程，不是推销产品的过程，这点很重要。就推销产品或服务而言，你也许从某个客户身上赚了点钱，但是如果客户不是定期地介绍业务给你，你就没有进入 VCP 的盈利性阶段。若想盈利，就要让他们觉得你的服务模式非常好，其他人也应该知道你。

调查说……

关系是前提

根据我们的经验，能见度、信誉度和盈利性这三个阶段是构成成熟社交关系的关键。在调查中男性和女性都再次肯定了我们的看法：良好的人际关系是介绍互惠互利的业务的前提，反之则不然。男性似乎比女性更多提及他们所从事的职业，以表明其身份。

演员兼健身指导尼科尔·布兰登讲述的一件事就反映出这种倾向。她正在健身房锻炼，这时一位男士问她是不是健身教练，她回答说，“是的。”然后他问她是否可以帮他看一下健身器材，因为他从没用过这种器材。她说当然可以，乐意效劳，并问他做些什么。男士说他是 XYZ 公司的副总裁，负责公司所有的营销。

她说，“不，我是说你日常训练做些什么！”

男士们经常是以所从事的职业来表明身份。他们就是这样自我介绍的。

交易手段与关系手段

调查中我们问大家，他们是喜欢用交易手段来进行社交，先谈生意再说关系呢，还是喜欢采取从关系入手的社交手段，先建立关系再谈生意呢。绝大多数被访者喜欢先建立关系再谈生意。但是，如果你按不同性别来比较他们的喜好，就会发现一个有趣的结果。在少数认为最好是先谈生意的人中，男性所占比例多于女性，男性几乎占到 53%，女性大概占 47%（见图 3–1）。相反，在喜欢先建立关系的人中，女性略多于男性，但是具有统计显著性。我们的一位受访者所观察到的现象就很好地说明了男女对于不同社交方式的喜好：

在进行商业社交时，我认为			
	先谈生意再建立关系比较好	先建立关系再谈生意比较好	总应答率
女性	47.4% (724)	**50.5% (4,810)**	**50.1% (5,534)**
男性	**52.6% (803)**	49.5% (4,718)	50.5% (5,521)
回答问题	1,527	9,526	**11,053**
跳过问题			2

图 3–1　不同性别关注的社交重点

> 我去参加一个早餐会。到场后，我就加入一群男性中间，很短的时间内，他们就开始交换名片了。然后我又坐到一桌女性中间。她们在谈论发言者、互相交流，更多地了解对方。在起身离开前，桌上的每个女性都交换了名片。她们达到了同样的效果，只是在不同的时间。男性们直奔主题先谈生意，而女性们则想着在交换名片之前先了解对方。

通过本调查，我的合著者和我得出了一个关于 VCP 过程和性别之间的关系假设。我们认为女性在能见度向信誉度阶段过渡的过程中可能有种纠缠于此、耽误事的倾向。我们认为女性可能很容易在信誉度阶段徘徊良久，迟迟不肯迈入盈利性阶段，而在此阶段，她们必须请求别人推荐和做生意。我们也觉得男性更有可能想着跨过中间阶段，直接从能见度阶段跳到盈利性阶段。

这表明女性，不管与男性的差距有多小，似乎更看重关系，这种说法不足为奇。那会不会有这种可能，在 VCP 过程中女性往往从能见度阶段进入信誉度阶段，就停滞不前，而男性则不等发令枪响就提前起跑，试图绕过中间阶段，直接从能见度阶段冲入盈利性阶段呢？对于这种假设，只有很少的数据支持，但也许弗兰克和黑兹尔从性别的两个极端来看问题，给出的评论更有说服力。

♂ 他说……

循序渐进

看来大多数男性和女性都认同伊凡提出的 VCP 过程的概念，并且懂得建立稳固的商业关系有赖于依次经历各个阶段。男女都认为，“哦，VCP，没错，我就是这么做的！”但只有女性是在真正地践行。

伙计们，我们真的认为自己这么快就建立信誉度了吗？如往常一样，我们是跨步跨早了，直接跳到盈利性阶段。我能一而再、再而三地告诉你承认自己的错误有多难吗？特别是每次都有黑兹尔在后面看着、揭你的短，就更难了。伙计们，帮我一把……拜托了！

男士们特别擅长向公众展示自己。我们迫不及待地要发表声明，唯恐世人不知道我们是谁，不知道我们的存在，唯恐他们不知道我们是干什么的。并不是说能见度阶段对我们来讲有多么惬意舒适，但是让镁光灯在自己头上闪耀颇有点自我炫耀的味道，我们都已经看到了男性在自我推销方面比女性要大方自如，从下面这位被访者的一席话中就能听出来：

> 我给男女学员上一门培训课，叫做“如何喜欢上社交”。我的研究显示的一项最普遍的与性别相关的结论就是女性在建立和维持关系方面独具天赋，但一说到提要求，对她们而言，就是一个最大的挑战。男性的思维往往更直接，更注重结果。

她评论……

是的，我已经看到你在显摆了！“不可一世”这词就是这么来的。

他回应……

没错，我们是容易显摆，有时是虚张声势，但有时确有实际内容，值得信任。问题是我们没有花时间循序渐进地经过信誉度阶段，让女性看到我们的价值所在。

我们有种错觉，认为通过自我推销的方式我们已经建立了信誉度，而且是理所当然这么想，那么接下来就该进入盈利性阶段和成交了。

我们来谈谈男性是如何看待“信誉度”的。当你向人打听某个熟人的信誉如何时，你有没有听过有人略带讽刺地这样回答：“当然他们是做这行做得最好的。我知道是因为他们对我说的。”我要是这样说，我肯定感到羞愧，但当我退后一步，听到别人这么说，我就会意识到这种想法多么可笑，竟然以为只要告诉人们我有多了不起、多棒、多聪明、多有魅力、多有天分、多么令人难以置信就可以让他们对我有信心。

她评论……

我敢肯定，多数女性读到这儿都会想起她们所经历的约会中至少有几次是这样的，整个晚上让这些家伙们谈论他们自己都没问题。

他回应……

喂，我讨厌你这样说！虽然，我承认拿约会打比方是不错，但对于女性而言，仅凭这家伙的一通自我吹嘘就能决定是否和他继续交往下去，这也实属荒唐。大多数女性都想看一下他的实际表现如何、能否坚持到底，才会决定是否把他当作交往对象，认真地对待他们之间的关系。

我想我要是说这种方法没用，那也不完全对。用在同样做派的男性身上就有用。男同胞们，这一点要引起注意。战胜自我！玩笑话放在一边，我们不是要让男性和男性更好地合作，对吧？我们是要帮助男性更有效地和女性合作。

与女性成功交往的首要原则是：别摆你的资格！不要想着以自己的成就给女性留下深刻的印象。对女性而言，信誉度来自建立关系的过程，随着时间的推移，她们会发现你极力克制自己不去自吹自擂的所有优点。为什么说这是一种取信于人的更好方法呢，是因为你亲见其不断用实际行动来证明他们所说的信念和职业道德，这是一个有例为证的确信事实。

另一个原因，怕你忘记，就是关系是相互的。也就是说你应该关心对方，而且要从你的行动上体现出来。我不是说你关心她们就要替她们挨枪子。我只是建议你要想办法了解她们，通过提问、关注她们的生活来更多地了解她们。女性想知道她们对你而言不仅仅是一个交易的对象。下面这个受访者的回答就说得很明白了：

> 与男性交往不同于与女性交往。与男性打交道，我可以开门见山，直入主题。与女性打交道，我要问好多问题，多了解她们以及她们的家庭。

这影响着你在女性心目中的信誉度。如果你搞不懂为什么你嘴上说了还不算，她们还要知道更多关于你的东西，那是你没有站在她们的角

诀　窍

> 把真正地关心别人当成自己的事业，这样你会成为他们的一笔资产，引你迈向信誉度阶段。信誉度就是你的买卖。

度考虑问题。就像拓展市场和推销产品一样，你所表现出来的你是哪种人，你如何对待你的客户，比你推销的产品本身更重要。如果她们认为你是一个急于求成、虚情假意的蠢材，或者根本不为她们着想，你就别指望做成这笔买卖了。同样的思维在这里也正确。信誉度就是买卖。

底线就是如果你能想女性之所想，并满足她们的需要，她们就会永远爱你。这非常简单。但是要做到这一点，你就要注意去理解她们，懂得她们的思维方式。啊，你们这些女性啊，神秘莫测而又不可思议的尤物。

你想想如果你无需她过问，就帮她把每件事都安排好，让她的日子过得更潇洒，你的半边天该有多高兴啊。对她而言，就好像进入了一个奇妙的幻境，你可以读懂她的心思，给她所需要的一切。她无需再吩咐你做任何事。想想你从来不用说，“我怎么知道你想让我做那件事呢？你从来没叫过我呀！”想想你再也不用听她失望地说，“我本来就不应该问。你就应该知道！”

哪种方式最好，关系为先还是生意为先？

受访者的评论真的很好地总结了我们在社交方式上存在的一些主要差异：

> 男性似乎对于建立更深入的关系比较犹豫，而女性往往更关注生意以外的任何事情。

女性把关系放在首位，而男性以生意为重，这不足为奇。DNA 的证据和男性在当今社会仍然发挥的作用就足以证明这一事实。从原始时代开始，男性就一直是部落的猎手、保护者和养家人。这并不是否认女性作为唯一的家庭支柱、承担养家糊口重任的人数在与日俱增，因为确有增加。只不过回过头来看看我们在原始社会的情况。

作为养家糊口之人，我觉得给家人带回腌肉、牛排、水牛——或者运气不佳，只带回松鼠，是我义不容辞的责任。当我把猎物带回家，我不是要跟我打猎打回来的盘中物建立永久的关系。我需要捕获它们，为家人准备好，带回家，就像在当今社会我们所追求的销售业绩和成交量一样。

遗憾的是，我们男性与社交圈里的每个人打交道都好像他们是下一顿要被屠宰的大餐，因为我们认为其过程是相同的。今天我们必须学会多一些理性、少一些交易，要像女性一样学会播种，让它随着时间的流逝，一单又一单不断地给我们带来生意。

大多数做销售的商业男士都懂得关系的重要性。但我们本能地摆在首位的是与交易有关的关系。我的目的不是为了在商业社交圈里结交好友，而是发展对我有利的关系。我并不是说这是一件好事，或者理应如此。我只是在声明事实如此。我必须要养家，直觉告诉我首先要照顾自己。这就是我们男性做的事，而且一般来讲都做得很成功，但是我们必须不断地学习，因为往后的日子还长着呢，我们必须要与时俱进，跟得上新技术和新方法的潮流。我们必须学会适应，这样才能事半功倍。

我们有一个长处，就是一直在关注销售量、成交量和猎物量。然而，我们发现我们这种只涉及交易的关系在女性身上就不起作用，她们是以关系为重，完全不把交易作为主要目标的。我们正输给那些已经决定用更适合女性的方式来沟通的男猎手们。

女性采摘果实、建立部落群体的历史和我们狩猎的历史一样悠久。通过建立一种群体归属感，她们为孩子营造一个养育的环境、让部落成员得以分享部落的财富。采摘者的一项工作是采集可用于营养和疗伤的植物和草药。当我们的部落族人发现植物具有食用价值后，女性就开始培育花园和小型农场。

这种精心种植、呵护种子让它茁壮成长的行为就像是在建立关系。

你先播下种子，然后精心照料、保护着种子，保证它们种得够深，并且一直坚持浇水。你密切观察它们的成长，一直到可以收获的季节，你所有付出的辛劳和投入都得到了回报。

男性对部落的贡献，比如射杀水牛，是在瞬间发生的，而女性的贡献，比如种庄稼，需要数月的照料。这有很大的不同。几千年来，女性已经懂得了培养互惠关系的好处和重要性。当今社会，她们正用同样的本能和技巧建立商业关系。

女性们交往时，是一块儿采集食物、播种、认识朋友，她们交的朋友，不是像男性所交的生意上的朋友，而是真正的朋友。她们关心自己的朋友，对朋友的事很感兴趣，很想帮朋友，和朋友交流。这在男性身上实属罕见。

所有这些意味着什么呢？男性要逐渐精熟于建立真正的关系。交易性的关系面临的一个问题是它是建立在交易基础上的。交易完了，关系也就结束了。而女性若是关注从商业友谊中获取更多的交易，就会做得很好。她们要时刻记着商业社交的目的何在。

建立稳固的关系，首先要看我们相互之间是如何沟通的。它与女性的沟通方式截然不同。我知道这对大家来说不是什么新闻。

首先我们来定义什么是沟通。沟通是你通过选择自己的话语、举止、衣着和风格、妆容习惯所体现出的语言和非语言细节的综合。所有这些因素都能体现出你是何人，你代表的是哪一方。

两性在相互沟通时，各有各的规则。我们和什么人交谈，决定着我们要用什么样的沟通方式。和亲密朋友交谈可以直截了当，“怎么都行”，和关系更远一点的熟人交谈，他们就会更职业一点，更矜持一点。男女都会根据对象的不同调整沟通的方式。这是一个自然发生的过程，不需要我们有意识地去做。

诚然，确有些人不知道如何根据所处的场合调整其沟通方式。这些人往往会疏远于他人。他们就是我们所说的“社交不适应”，他们就是不明白。他们没有接受过培训，并且/或是天生就不会观察和学习社会所接受的行为。他们的父母也没有教过他们，或是他们缺乏从别处观察和学习的悟性。为人父母者，无论如何，要教给你的孩子这一宝贵的技能。

我们都曾在社交场合遇到过那种最喜欢谈自己的家伙。在整个交谈过程中，你们双方都表示出对他的兴趣，而且如果他确实问到你的情况或你的生意，那明显是出于义务。当你问到他的时候，他迫不及待、首当其冲，异常兴奋地向你讲述他所有的辉煌，都是些你从来就不想知道的事，而且他恨不得向你倾尽所有。这种家伙还很容易开一些低俗的玩笑，不合时宜地评论女性的衣着和外貌。

他其实并无恶意，也不是要伤害谁，或是比较粗鲁。他只是无知。大多数人只是忍着，等他走开后白他几眼。然后我们冲彼此会心地一笑，继续聊我们的，好像他从来就不存在。

那家伙教给我一些很重要的东西。我从来不想成为他人的笑柄，让人幸灾乐祸地笑我，或是冲我翻白眼，冷嘲热讽。那家伙是个坏事儿的，破坏了各方各面的潜在关系。他这种拙劣的社交失误造成的伤害会持续很长一段时间，而且很难消除。

“社交不适应”者真正擅长不做的事是根据周围环境适时调整沟通方式。大多数人会本能地或下意识地去做。我们不用尝试适应，我们就是会做。我给你举个小约翰尼和亨德森先生的例子。

小约翰尼遇到一个新朋友

小约翰尼 3 岁，父亲介绍他认识自己的朋友亨德森先生。亨德森身材魁梧，身高两米，体重 230 磅。他头发灰白，声音洪亮，令人心生敬畏。

约翰尼的爸爸大声呼唤，“约翰尼，来认识一下银行总裁亨德森先生。”

亨德森先生看到约翰尼，伸出手，用他那洪亮的公司总裁声音说，“你好，约翰尼。我是汉克·亨德森。见到你很高兴。”

约翰尼看上去像个受了惊吓的小狗，怯生生地说，“啊？”

“约翰尼，告诉我，你今天安排了什么活动，明天计划做什么？”亨德森先生问。

3 岁的小约翰尼说，“我不知道。”

“可是，约翰尼，树立生活的目标很重要。明年你想完成什么任务？”亨德森先生满怀期待地问。

约翰尼看上去一脸的困惑，要说什么又说不出来。只是泪眼盈盈，然后哭着跑开了。

亨德森先生也搞不清楚怎么回事，就对约翰尼的爸爸说，“你要让他集中注意力，给他点勇气。”

这段对话问题出在哪儿呢？银行总裁亨德森先生和约翰尼说话，是把他当个 3 岁小孩，还是 30 岁的大人呢？他没有适当地变换他的沟通方式，用和成人讲话的口吻和一个刚学会走路的小孩说话。

小约翰尼交新朋友：第二幕

我们来看下一个情景，当亨德森先生用另一种方式与约翰尼接近时会怎么样。

约翰尼的爸爸把他叫进屋里，对他说，“约翰尼，这是亨德森先生，他是银行总裁。”

亨德森先生蹲下身子，几乎与约翰尼的目光平视，然后对他说，“你好，约翰尼。我叫汉克。哇，你穿的这件海绵宝宝衬衫可真酷。我喜欢海绵宝宝。你喜欢吗？”

约翰尼一笑，说，“嗯嗯，”并指着自己衣服上的海绵宝宝。

“约翰尼，你几岁了？ 5 岁？”亨德森先生问，他知道约翰尼只有 3 岁。

约翰尼又笑了，他说，“不，我 3 岁，”并且伸出 3 个指头。

“3 岁！你不会是 3 岁吧。你比 3 岁大多了，你看上去像 5 岁。你肯定你只有 3 岁吗？”亨德森先生非常惊奇地说。

“是，我只有 3 岁。”他得意地绽开笑容，很是惊讶居然有人认为他有 5 岁那么大。

“啊，你是个大孩子，而且很聪明，我看得出来。很高兴认识你，”亨德森先生用最友善的声音说。

“你想跟我玩吗？”约翰尼问他的新朋友。

怎么回事儿？亨德森先生根据说话的对象改变了沟通方式，赢得了对方的好感。我敢肯定你这样做过或者看到别人这样做。这是一开始就获得孩子对你的好感的唯一方法。

同样的方法用在成人身上也管用吗？绝对管用。

为了更有效地沟通，很快建立关系，最大限度地为你带来商机，你的沟通方式要让对方感到舒服。问题是，你现在和异性交流也是这样做的吗？你是灵活处理，让你的沟通方式适应对方呢，还是只管自己舒服，全然不顾对方可能喜欢什么样的沟通方式呢？男性和女性的沟通方式截然不同，所以要相互适应。这样就可以迅速建立起稳固的关系。

男士们，这就是我们在和女性沟通时需要做的，不能以一种居高临下、盛气凌人的方式，而要以一种真诚的、抱着发展关系的目的来沟通。这对于任何一种关系都适用。有的人做得很自然，有的人就不行。如果我们想建立有意义的商业关系，就得从这儿做起。我们必须有意识地去改变我们的沟通方式，它可以让我们通过沟通紧密地联系在一起。

为什么我们按照自己的方式做

黛博拉·坦嫩博士在少男少女中开展了一项行为沟通的研究，想看看在录像状态下相互交谈，他们会怎么做。男孩子对这个要求感到很不自在，而所有年龄段的女孩子都没问题。很快，女孩们就面向彼此，开始交流，就她们所遇到的某个问题谈了起来。

而男孩子则是并排而坐，从一个话题转到另一个话题。所有话题都是关于计划一起“做”某件事情的。对男孩来讲，活动、一块儿做事是中心。只是坐那儿聊天不是友谊的主要内容。男孩子是与他们一起做事的男孩交朋友。

女性则不然，她们是通过交谈来拉近距离，建立亲密关系；对女性而言，交谈是亲密关系的实质，所以最要好的朋友就意味着坐下来聊天。

女性要懂得男性的沟通全在于地位，明白这点很重要。想想你在公共电视频道所看到的所有关于自然界的节目。雄性动物的主要目的是交配；为了达到这个目的，它们必须很强壮，足以挑战兽群中领头的雄兽。随着它们的成长，它们会建立一定的社会等级，等待时机直到能够交配。当一头小兽长得足够强壮，足以让绝大多数雄兽都“拜倒”在它脚下，它就准备好挑战“长者”的地位了。如果这一场它打赢了，它就和它喜欢的雌性交配（它们只会和它交配）。人类男性恰恰就是这样做的。

当看到男女之间存在另一种主要的沟通误解时，你要记着男性具有这种活力，这很重要。女性无法理解在要求男性帮个忙或考虑一下这样或那样时，他们似乎很抵触。女性必须记住上述情景，要懂得男性在做你要求他做的事时，这意味着他们在这种关系中失去了地位。男性常常觉得女性在摆布他们。一个在女性看来很简单的请求，在男性看来就是企图摆布他，让他处于“低人一等”的地位。

坦嫩博士解释说，“女性希望男性去做我们想让他做的事。如果一个女性察觉到她正在做的某件事情是在伤害男性，她就想立即放弃不做。如果她感觉到他真的希望自己去做这件事，她就想去做。她认为这是爱的表现，而且他对她应该有同感。但是男性有一种本能的抵触，不愿意做别人叫他做的事，或别人希望他做的事。这和女性的反应相反。”她提醒读者，当然，有些男性是很乐意为女性效劳的。

与男性的沟通方式形成鲜明对比的是，男性追求的是确立和维护其地位以及主导权，女性的沟通则更平等，或者以集体的意志为重。当女性们在一起时，她们会征求其他在场女性的意见，根据群体的意愿做决定。

在商业界，它意味着两性在沟通问题上，从本质上讲，就是完全不同的两种动物。你说的是长颈鹿，我说的是狮子。我们男性可以理解总体信息和你说话的语气，但对于细节——不记得了！我们毫无头绪。是的，女士们，我这也是在跟你们说，我建议我们在一起的时候，不要各说各的，而是用同一种语言。这种共同的语言对我们彼此来讲都不熟悉，但我知道如果我们双方都努力尝试，一定会取得很好的效果。在整个过程中一定要记着，我们的目的是联系、融洽、信任和信心。

首先有智商和情商；现在是性商

女士们，我们是简单动物，简明扼要、直入主题。下面教你一些与“猎人们”沟通的绝招。

1. 直截了当、突出重点。直指目标，不要兜圈子。我们讨厌绕弯子。我们喜欢目的明确、直截了当地交谈，从重点 A 到重点 B 不用绕圈子。
2. 有问题你就问。
3. 如果你有什么需求，直接提出来。
4. 要明白男性并不知道女性在想什么。我们不仅不知道，甚至一丁点儿线索都没有。谈到你们女性和你们想要的东西时，我们不是最聪明的。你听说过智商和情商，对吧？我们现在又有了性商：性别商数（Gender Quotient）。它测量的是一个人对待异性的智力水平。商数的分值从 1 到 10（1 表示一个男性纯粹是块朽木，几乎不知道有女性这一物种的存在，或者几乎意识不到男女有别；10 表示一个男性的沟通水平相当于一个女性的真正灵魂伴侣的程度）。

总体来讲，在理解女性方面，男性的平均分为 1.278。不害臊地说，我们非常自豪能得这么高的分。而另一方面，女性的平均分是 4.00001。好，你们比我们略高一点，但是别这么骄傲。你们也不是真正地对我们了如指掌（你确实意识到这些数字是编的，研究结果也一样。但是你知道我的意思，对吧？）不论研究结果是真是假，我要让你相信新发现的性商是确实存在的。

下面几例就说明了男女在日常交往中所表现出的性商有何不同：

当她说：“你来定。”
我们以为她的意思是：“由我定。”
她真正的意思是：“你最好能知道我真的想要什么，并马上给我。”

当她说：“去吧，你想干啥就干啥。”
我们以为她的意思是：“如果我做我想做的事，她不会介意。”
她真正的意思是：“我不想让你去做，日后你要为此付出

	代价。”
当她说：	“我不在乎男性长得怎么样，只要人好就行。”
我们以为她的意思是：	“假如他很有钱，又有份体面的工作，令我的那些女伴们嫉妒，那么我会喜欢他，不管他长相如何。”
她真正的意思是：	“这正是我们所想的。”你们太无耻了，女士们！我们男性从来不会这么浅薄，喜欢一个女性就因为她有张漂亮的脸蛋，姣好的身材，一头金发，大笔信托基金，而且不讲英语。绝不会！

什么是社交性商？

与我们沟通的窍门是：

1. 不要跟我们谈问题。就问我们如何解决。我们不想谈论问题。我们要以我们解决问题的能力给你留下深刻的印象。
2. 如果你让我们帮你解决问题，因为你不知道怎么办，那我们告诉你怎么做以后，你就别跟我们说我们做错了，有更好的方法。喂，如果你已经知道了答案，还问我们干什么？
3. 不要喜怒无常或闷闷不乐地来找我们。要性情平和、冷静理性。请看看《星际迷航》，学习一下斯波克先生。效仿一下他的沟通方式和思维方式。
4. 别想当然地认为我们嘴上说一套，心里想一套。如果我说，“我喜欢你的头发，”别来一句，“为什么？以前的样子不好看吗？这鞋子怎么样？为什么你不评价一下鞋子呢？为什么你不喜欢这鞋子？”

有个很大的问题是女性觉得男性不去沟通，而且不会沟通。而实际上，男性会沟通，而且确实在沟通，这是事实。但看起来我们的直言不讳反而造成了我们的失败。

从男性的角度来看，少即是多。能用 2 个字为什么要用 10 个字？我们认为女性有沟通障碍，因为她们只是不停地说，从来说不到点子上，即她们一开始进行这场对话的目的是什么。

解决办法

女士们，别指望男性会像你们那样沟通。我们不这样做也不会这样做。我们可以尝试，但是你要明白这不是我们天生的风格。

男士们，要有真正的交流。不要两句话就把人打发了。要学着主动倾听。

可笑但真实

这个情节真的很经典。女士们先生们，我敢说你看到下面的例子后会告诉我，这个例子不典型。但我敢打赌你不会。

比尔邀坎达丝出来约会。他们在一起很开心，之后就开始定期约会。

6个月后，两人有一次共进晚餐，然后开车回家，路上坎达丝说，“你知不知道今晚是我们相识 6 个月的纪念日？”有几秒钟的时间，车里一片沉默，对坎达丝来说，就像是经历了数小时死一般的沉寂。她暗想，我说这话会不会惹恼他。或许他一直觉得被我们的关系所困。也许他认为我想催促他承担他不想承担或还不确定能够承担的某种义务。

与此同时，比尔正在想：嗯，6 个月。

坎达丝的脑子里已在揣测比尔可能在想：但是，我还不太确定我想要保持这种关系。有时，我希望我能有更多的空间，这样我就可以认真考虑一下，我是不是真的想保持我们目前的这种关系，让它继续稳步发展下去。接下来我们要走向何方，会有任何结果吗？还是仅仅保持这种亲密关系，继续约会呢？我们要不要结婚？要不要孩子？要不要白头偕老呢？我准备好接受这份承诺了吗？我真的了解这个人吗？

此时比尔在想：那就是说……让我想想……我们是二月份开始约会的，刚好是我从经销商那拿到这部车的时候，也就是说……让我看下里程表……哇！我该给汽车换机油了！

坎达丝这会儿还在想：他感到不安，我从他脸上就看得出来。或许我完全理解错了。也许他想从我们的关系中获得更多的东西，更多的亲密，更多的承诺。也许在我还未觉察到之前，他已经感觉到我有所保留。是的，我敢打赌是这样的。这就是为什么他不愿意表达自己感情的原因，他害怕被拒绝。

比尔在想：对，我要让他们再看一下变速器。我不管那帮笨蛋怎么说，换挡还是不对劲。这回他们最好别再怨天气太冷。冷什么冷？外面30℃呢，这玩意儿换起挡来就像垃圾车，我付了那帮窝囊废600美元呢。

坎达丝在想：他生气了。我不怪他。我也会生气的。我深感内疚，让他承受这一切，但是我禁不住要这样想，我就是不能确定。

比尔在想：他们也许会说保修期只有90天。没错他们肯定会这样说，这帮卑鄙小人。

坎达丝心想：也许我太理想化了，还在期待我的白马骑士。坐在我身边的这个人这么好，我很喜欢和他在一起，真的很在乎他，他好像也很在乎我。可现在因为我总以自我为中心，充满了小女生般的浪漫幻想，让这个人陷入痛苦之中。

比尔此时在想：保修单？他们要保修单吗？我会给他们保修单。我要拿着他们开的保修单和……

"比尔。"坎达丝高声叫道。

"怎么啦？"比尔回答，很吃惊的样子。

"请你别再这么折磨自己了。"她说，泪水开始在她眼眶里打转，"也许我本不该……哦，我觉得很……"

她泣不成声，抽泣着。

"怎么啦？"比尔问，不知道发生了什么事。

"我好傻，"坎达丝哽咽着说。"我是说，我知道没有什么骑士，我真的知道。这种想法很蠢。根本没有骑士，没有马。"

"没有马？"比尔说，丈二和尚摸不着头脑，什么马？

“你觉得我很傻，是吧？”坎达丝不无自责地问。

“没有！”比尔说，心想，我为什么要这样想呢？

“只是因为……只是……我需要点时间，”坎达丝说。

又陷入了死一般的沉寂。比尔正想着该如何是好。

最后他说了句他认为可能管用的话。

“是的，”他说。

坎达丝深受感动，她把手放到他的手心里。

“哦，比尔，你真是这样想的吗？”她问。

“怎样想？”比尔说，心想，我们这是在说些什么呀？

“你对时间的想法？”坎达丝问。

“噢，”比尔说，“是的，那当然。”

坎达丝转过头来深情地望着比尔，让他觉得好紧张，不知道接下来她又会说什么，特别是会不会又提到马什么的。终于她开口了。

“谢谢你，比尔，”她深情地说。

“谢谢你，”比尔说，心想，天哪，总算说对了一次。

然后他把她送到家门口，回到家里，她倒在床上，哭得好不伤心，饱受痛苦和煎熬。而比尔则回到住所打开一包多力多滋，打开电视，立刻沉浸在正在重播的一场他从未听说过的两个捷克选手之间的网球赛中。

内心深处有个细小的声音告诉他刚才在车上发生了一件重要的事，但是他很确切地知道他无论如何都想不明白，所以他觉得最好的办法就是不去想它。

坎达丝回到家里，给她的闺蜜打了个电话，俩人聊这事足足聊了两个小时。她们分析了坎达丝和比尔说的每一句话，复述了好多遍，仔细琢磨每个词、每句话、每个动作所代表的细微含义和可能的其他意思。在接下来的几周、甚至是几个月里，她们会时不时继续讨论这个话题，从来得不出什么定论，但是会不厌其烦地说下去。

与此同时，有一天，比尔与一个他和坎达丝都认识的朋友打篮球，投篮时他停下来，问了一句，“史蒂夫，坎达丝有过一匹马吗？”

对自己的形象负责

你也许还记得第1章提到的那个男性，自以为了不起，在社交场合掐女性的屁股，想在他朋友面前显示他的能耐。男性们要对自己的行为负责。在哪种世界这种表现能是恰当的呢？女士们，我代表所有的男士，为那个家伙向你们道歉。下面是参与我们调查的一位男士说的一段话，也体现出一些人所抱有的不负责任的想法，阻碍了所有人的进步：

> 当我和女性交往时，我总是想首先了解一下她的婚姻状况。我也不知道为什么，我自己婚姻幸福，也不想从这份好奇中得到些什么。这事会让人分心。如果她们在自我介绍时，能告诉我她们的婚姻状况，就好办多了，然后我们就可以切入正题了。

让我来把这个问题说清楚。你已经结婚了，不知道你遇到的这位女士结没结婚让你分神？不是吧？这不仅很奇怪，而且很讨厌。女士们，在此我不得不再次为自己的同胞向你们致歉。

这些都是让人尴尬的例子，就那么几个蠢货就把我们所有人的名声都搞坏了。对于他们我要说的是，如果你想得到一个真正的专业人员的良好声誉，你的一言一行就得像个专业人员的样子，为自己赢得声誉！现在给同伴施加一点压力：对于那些行为已经走上正轨的人，要教教那些没有一点头绪的人，因为他们的行为影响着我们所有的人。

我们当中有些人就是不明白这个道理，我们在进行社交活动时，我们的一言一行都被他人、甚至是我们自己的同伴看在眼里，被人指摘。这里我问你们一个问题：有多少你通过社交发展起来的亲密友情，让你从中获得了生意？大多数人的答案是很少。你有没有想过这是为什么？其中的一个原因就是虽然你的同伴和你在一起很开心，但是对于推荐你他们没有足够的信心。找你一起喝喝啤酒会很开心，但是不会把你介绍给他们最好的客户、家人或亲朋好友。

我希望你抱着这样一种心态，每次去参加社交活动，不管是哪一类型的活动，你都是在试镜。生意人总是在找理由说“不”。在试镜过程中你留给大家的最新印象就是当时他们对你的看法。你知道吗？

那些为电影和电视剧物色演员的星探对同一个演员要进行反复的试镜。这种重复和关注可以帮助他们记清楚演员的形象。对于人们所“物色”的某种类型的角色，你在试镜时的表现，决定了你能否担当此任、不负众望。当有了角色的时候，某个可能正在物色人选的猎头认为你比较合适，他们肯定会把你叫来再面试一次，即使他们之前见过你也会这么做。他们要看你当前的状态适不适合这个角色，才决定是否推荐你。

反之亦然。当演某个角色的机会来了，他们根据你以往试镜的表现认为你不适合这一角色，他们就不会邀请你。即使你最终得到了试镜的机会，一般情况下，他们也已经根据你以往的表现做出了决定，试镜很可能只是浪费时间而已。不要断送了你日后试镜的机会。

先生们，如果你想成功地社交、与女性建立良好的关系，你就要保证每次和她们见面时，都把它当作是第一次试镜。每一次的印象都很重要，千金难买。

♀ 她说……

社交过程的差异

在推出这本书的理念时，我对合著者说我认为男女在社交过程中的最大区别是他们应用VCP过程的方式不同。（能见度、信誉度和盈利性。还记得吗？）以我的经验，男性似乎从关系的能见度阶段直接跨入盈利性阶段，用在信誉度阶段建立关系的时间非常少。男士倾向于迅速切入主题开始谈生意。

相反，女性则是从能见度阶段走向信誉度阶段，甚至不往盈利性阶段发展，而介绍业务和做生意正是在这个阶段发生。根据我多年从事教学、指导人们建立盈利性社交网络的经验，我向伊凡和弗兰克阐明了我的观点。当然他们对接受这一观点还有点犹豫，但是很想知道我们的数据能否证实这一点。结果表明确实如此，接受调查的人也颇有同感：

当我和遇到的女性朋友交往和谈生意时，我发现90%的时间里我们在相互了解、谈论各自的家庭、我们自己以及个人的背景等。然后用剩余10%的时间来谈生意。当遇到男性时，我们用10%的时间了解对方，90%的时间谈生意。两种办法都很有效，但我更喜欢和女性交往。

我发现大多数参与社交的女性一定是先对建立关系更感兴趣，其次才是生意。而大多数男士则直入主题，问对方做什么工作。

以我的经验，女性倾向于凭直觉与人交往，但是更注重关系。男性倾向于步步为营与人交往，更看重生意。

女性希望多花点时间，对加入她们社交范围的人多一些了解。我在社交场合很少碰到有不认识的女性没说几句话就转而谈生意的，不管是做销售还是介绍业务。我倒是经常碰到这样的男性。我不仅在生意场上多次碰到过这种情况，在个人生活中也屡见不鲜。在约会和求爱时，如果男性急于从关系的能见度阶段进入盈利性阶段，甚至不停下来建立一点点信誉度，那就糟了。

约会和商业社交大同小异。两者都需要建立在关系的基础上，这种关系要花时间去建立，并且要经过一段时间的培养，使其发展成为对双方都有利的关系。

发现自己还是孤身一人，而且喜欢寻找新途径去社交，于是我决定试试网上约会。找到了某位男士（此处我权且随意用此称谓）之后，我们聊了几次，他就约我出去约会。我接受了邀请，和他一块去喝点东西，吃个便餐，一切都很随意，就像我第一次接触社交圈内的同伴一样。在两个小时中我们喝了两杯酒，轻松地谈论着各自的家庭、职业和爱好。

随后我决定今晚就到此为止，因为我明天还要早起。当我们走向门口的时候，他搂住我说，“不如我们一起到车上像年轻人一样亲热一阵儿好不好？”我瞪着他，心想我知道你在打什么鬼主意，我告诉他，“不行。”心想我们也就到此为止了，然后他说，“你确定不去吗？会别有一番情趣的。”我坚定地拒绝，然后我们就拜拜了，此后再没他的消息。我甚至还没考虑他的信誉度呢，他就急着往盈利性奔了。当一个人从能见度阶段直接冲向盈利性阶段时，他们跳过了很多重要的美好时刻，包括优雅的风度。过早地提出要求，从长远来看对双方都没有好处。我们的调查对象也亲眼见到过同样的事情：

> 女性采取的社交方式有所不同，因为对大多数女性来讲，更重要的是建立一种可信赖的关系，生意自然就来了。对大多数男性来讲，他们想立马谈生意，生意谈妥了再交往。男性们所做的一切就是赶紧谈完生意上的事，享受成功的喜悦。坦率地讲，多数情况下如果他们觉得你对这桩生意有任何的犹豫，就会另寻他人。而这时女性就觉得她们好像是被迫谈了一单生意似的。这只是一个沟通方面的问题，使我突然想起《男人来自火星，女人来自金星》。

要想建立一个稳固的社交网络，帮你实现个人目标和事业目标，是需要时间的。建立关系无捷径可走。

在商业社交活动中随时都在上演相同的一幕。社交者犯的一个最大错误就是急于建立关系，颇有点像我的约会经历。急功近利的也不全是男性。我偶尔也碰到个别能干的女强人，恨不得马上就做成一笔销售业务或让人给她介绍生意。这一幕一旦发生，彼此的关系通常也就变了味，再难有机会挽回。如果这种情况持续发生，最终这个人会落得一个“避之唯恐不及”的名声。

商业推荐研究院有一个独创的五步推荐法。第一步是取得信任，用的时间最长，急不得。第二步是增进了解，让对方了解你的业务。我在教这些步骤的时候，课堂上总免不了有人会问，“如果我让你对我和我所从事的工作有了足够的了解，就应该建立起信任了，对吗？”错。当然，如果是两个男性之间的交往，就错不了多少。但如果是男性和女性之间的交往，就大错特错了。男性的商业头脑不会获得女性的信任，也

杰克·坎菲尔德公司总裁帕蒂·奥布里

和男性沟通比较容易。只是交流信息，比较简单，直奔主题。对于女性——要更情绪化一些。你要说出你的故事。

女性会在生意中夹杂一些个人感情的东西。男性往往在商言商。女性在情感上希望从业务关系中得到更多。男性则更多开门见山。

不会打动她。女性想了解的是这些人，他们是谁，除了生意之外，他们个人最看重的是什么。

男士们，当你们在运用 VCP 过程时，你不能简单地在一个小时内就从能见度阶段跨入盈利性阶段。吸取我那可怜的求婚者的教训吧！

每个人运用 VCP 过程的方式各有不同

从 20 世纪 90 年代初期开始，心理学家、生物学家、神经科学家就对两性之间的沟通做了很多研究。很明显，男女之间确实存在大脑结构的差异，影响着各自的沟通偏好。

女性的沟通发自于情。她们喜欢了解细节，比如怎么样、为什么、在哪里，以及围绕她们所传递的信息产生的感觉与情绪。

女性们聚在一起，彼此深入交谈，或者三五成群，或者一对一交流。她们谈各自的经历、分享故事以及合作达成群体共识。下次你有机会听听女性们在一起聊些什么，注意观察一下她们是如何相互支持和补充彼此的故事和谈话的主题的。

有天晚上，我参加了一群新女性的首次座谈，惊异于她们那天晚上才刚刚见面就分享那么多的隐私。深深吸引我的还有她们很快就变得情绪化，说出对所谈论的事情的切身感受。对于男性来说，用不了多长时间就会转换话题，他们在建立个人关系方面是多么欠缺。

研究表明女性一天使用的词汇是男性的两倍。我们和闺蜜聊天，这

她即意味着生意

《她即意味着生意：向当代女性推销的7个新规》的作者格兰特·施奈德，对女性和沟通技巧有如下论述："女性倾向于用讲故事的方式谈论大多数事情，包括产品。这是女性所特有的沟通方式，充分体现了女性之间紧密的联系和彼此互助的愿望。通过分享彼此的故事，女性得以充实自己、相互学习、建立长久的联系。很少有男士能意识到讲故事的价值，更不可能认为交谈会在他们的生活中起到重要的作用。"

种聊天是建立在深入的关系基础上的。当我们与人交谈时，我们在衡量自己建立联系、建立信任和理解的能力。

据作家约翰·格雷所述：

> 当女性在社交场合，她们更倾向于去了解他人，通过表示出对他人的兴趣、耐心提问来表明自己是值得信赖的。但不幸的是，她们期望对方也会有同样的兴趣，而对方可能不会总是有这种兴致。殊不知，在女性身上管用的方法在男性那儿不见得都奏效。
>
> 男性在社交时，他们强调的是自己的地位、所取得的辉煌业绩和成就、所承担的责任和所能提供的服务。他们看重的是他所拥有的这一切能否给他人带来利益、效率和其他的好处。而女性到头来都没有机会分享他们所提供的服务，从他们所拥有的这一切中获得一笔生意。

换句话说，女士们，正因为如此，我们常常被随意打发，别人认为我们不是来谈生意的。当我们转入正题时，我们没能够打动他们，使得我们与之交谈的这些男士以为我们不是正经谈生意的。

这是女性在和男性打交道时要明白的一个关键点。许多女性试图以自己的性感、衣着打扮、打情骂俏来打动男性，而男性则想迅速建立信誉度，而且希望女性也是如此。他们想知道女性所取得的成绩、现在在做什么、这对他们有何帮助。按理说，这在社交界应该是很行得通的。尽管这个建议原本不是针对约会场合，但是下次遇到某个如意男时，也不妨一试。

这也正是为什么女性觉得社交推销味太浓，而男性觉得女性不把生意当回事儿的原因。我们是出于两种完全不同的动机来沟通的。女性在交谈时，想努力建立一种信任关系，而男性听到的尽是些他们不感兴趣的无稽之谈。所以，女士们，我们试着花点时间用“男性派头”的成就去打动他们，然后再深钻细研建立关系的问题。我们的一位受访者有一段精辟的总结：

> 一般来讲，我发现男性在社交时表现得更“胆大妄为”。女性经常是除了生意什么都谈——比如电影、餐馆、家庭。然后我们才谈生意。男性往往会很快转入正题。这可能会让他们的谈话比较简短，但我不敢确定彼此间的信任和稳固的关系也能这样快地建立起来。我愿意给他介绍生意的男性通常是比较健谈而友善的男士，因为我觉得我对他们的了解更多一些。

我们必须学会从两方面来有效地运用 VCP 过程。你试没试过与人共舞，动作很不协调，因为你们俩人都想引导对方？不管是跳两步还是跳恰恰，如果你乱了对方的舞步，你俩人都跳不好。是的，我知道。

由《韦氏词典》提供

交谈

口头交换情感、观察、观点或思想

注意到《韦氏词典》对“交谈”的定义用了“情感”和“交换”二词吗？它是一个来来回回的过程，伙计们！当你主动去了解女性时你就会打动她们，赢得她们的信任。跳两步很好，但或许是时候在你的节目里多加一种新的舞步了。

不管怎样，多数男性都是这么跳的，但是，女士们，你们知道我说的是什么。

要想把事情做好，在同跳一支舞时，我们双方都要配合对方走好自己的步子。女士们，如果你不能告诉男性们你所取得的成绩、你的目标是什么、这对他们有什么帮助，他们就不会认为你是正经做生意的。你要能够建立起你自己的信誉度。女性抱怨最多的就是和男性社交总是离不开推销。或许真正的问题在于我们说的不是他们想听的。如果他们想跳两步而我们想跳恰恰，那就会有磕磕碰碰。

男士们，你们不能整个谈话过程都是在讲你做过些什么，你会为她们做什么，以此来打动女性。那根本不叫谈话。

有明确的期望并说出你的需要

好，我们要涉及一个棘手的问题了。我们女性认为我们和你们男性谈得清清楚楚，但不知怎的，一到了你们耳朵和脑子里就变成了一锅粥。男性责怪女性不直截了当地说出她们想要或需要什么，好像自己还得猜她们的心思。男性的性商很低只有 1.74, 而女性要高得多，达到 4.00。

这里有一些关于性商的有趣信息。几百万年来，男女之间一直在努力地了解对方。为了教男女之间如何沟通，各类书籍、电影、博客、文章、研究、广播和电视等手段都用上了，但收效甚微。你可能会认为通过这么多手段，我们彼此之间应该相互了解了。如果是这样，我们就不用写这本书了。

为了和女性成功交往，以下几点是男士们需要知道的：

· 别想着很快就打动我们。当你慢下性子，足以建立起信任关系时我们才会被打动。我知道在远古时代，最强壮的原始人是靠逞强赢得与女性繁衍后代的权力的，但现如今已不可同日而语了，我们已不再认为被拽着头发拖进洞里是件好事了。
· 交谈时，目光要看着我们的眼睛，而不是在我们肩上或胸部游移。
· 我们的胸卡是为了让你知道我们的名字，不是让你一路看下去。

· 发出“嗯嗯”之声不是在主动倾听，我们知道你这只是做做样子，让我们以为你在听。

好了，这些事项还有很多，你解其中意就行了。

女士们，谈到性商分值时，女性得分高些是因为男性真的很简单，但在生意场上我们常常忘记这一点，但这是一条重要提示，有助于我们与他们进行沟通。

男性们愿意比我们先提出介绍业务的要求，是因为他们对关系的定义与我们不同。就像我那糟糕的约会对象，他跟我说得很明白他想让我做什么，在生意场上男性也想很快向你抛出谈生意或介绍业务的想法。这种情况下，男性想什么不是什么神神秘秘的事。我很欣赏这种直白，很快就表明动机，给我机会接受或拒绝，然后继续前进，就像和我的约会对象一样。明确说出我们的想法，为我们双方都节约了时间。

明确表达我们的期望，是建立稳固的商业推荐关系的基石。然而女性往往不愿意告诉别人她们想要什么和她们的期盼。别误会。我不是鼓励你像我的约会对象一样，在一小时内全速进入盈利性阶段。但是我们女性确实需要和我们的社交伙伴讲清楚我们希望从商业关系中得到什么。别轻松地坐在那儿，只是一个劲儿地聊啊、聊啊、聊关系，我们必须自我发掘，搞清楚我们建立关系是为了什么。我们究竟要从社交伙伴那里获得什么呢？如果连我们自己都搞不清楚，也不告诉人家我们想要什么，人家怎么可能给我们呢？

我在商业推荐研究院讲授一个认证社交者项目。“别人可以帮助你的 15 种方法”是其中的一个内容，它要求参与者首先列出一张对自己的业务有帮助的策略清单，然后让给你介绍业务的搭档帮你实践各种方法。在这方面我总会遇到女学员的抵触，她们说求别人为她们做那些事她们很难为情。当我问到她们是否愿意为自己的搭档做那些事时，我得到的是一个响亮的回答，“愿意！”

为什么她们为别人做 15 项中的任何一项都没问题，却不能反过来让别人帮自己的忙呢？感觉不自在的一个原因就是尽管她们很乐意助人为乐，但开口让人帮忙就觉得很难为情。她们也不愿意强人所难，这点你只要想想女性都是照顾别人的人，就不难明白。

在家里也一样。厨房桌上有一堆衣物在那里放了几个小时了，需要拿到楼上或放到一边去。我经过厨房好几次，发现不管过了多长时间，这堆衣服还放在那里。房间里有许多人都可以把它拿走，但是他们好像都很忙，与其花时间叫人来做还不如自己做更省事。

现在我有点恼火了。凭什么都要我做？没理由我要承担所有的家务！丈夫和我一样忙于全职工作，承担各种各样的义务。当他察觉到我的愤怒时，问我怎么回事，我回答说，“衣服都堆在那儿，你过来过去两次经过那里，我不明白你为什么不把它拣起来！”他答道，“你没叫我做呀。”我反驳说，“还用我说，你本来就应该知道要把它拣起来，去做就是了。凭什么总是要我说呢？”

这话听着熟悉吧？当然熟悉了。如果我们不说清楚我们的期望，别人就无法帮助我们，我们只好一个人去完成所有的事情。这不是开创或经营业务的有效办法。多年来，我都是一个超级女强人，一个人全部搞定，从不求人。我让身边的每个人都在猜我想要什么，我需要什么，更别说我是怎么独立完成所有的事情的。我慢慢意识到我不能完成所有的事，这也限制了我的成功。如果我想有成功的事业或生活，我就必须学会让别人清楚地知道我的需求和期望。一旦我们提出要求时，我们还必须愿意别人来帮忙。

我总是听到女性抱怨自己无法在工作和个人生活之间找到平衡，不得不身兼数职。如果我问她们是否想过将一些家务分给配偶或孩子时，得到的回答通常是，“哦，我自己做还更省事。”真的吗？果真如此吗？如果是这么容易，那为何她们还要花这么多的时间叫苦和抱怨呢？

当我问男士们为什么不多帮帮忙，他们说，“她不叫我帮，我为她做点事，她还很挑剔，说我没按照她的方法去做。”女士们，所有这些和你在社交圈子里与男性打交道是一样的。你必须告诉他们你想要什么、需要什么，愿意下放责任，一旦你交给别人来做，就放手让他做！如果你想和他们做生意或想让他们给你介绍生意，就直接提出来。在生活的各个方面，清楚、直接、简短（但是要礼貌）的沟通就是和男性的相处之道。

要男性去猜女性的心思，他们会很困惑、很害怕。他们宁肯站在橄榄球场中央，不戴护具，任由重 300 磅的后卫球员把他们撞倒在地，也不愿意猜我们的心思，反正只有是错。

男性与购物

生活中，男性在为自己购物和陪女性购物时所采取的方式与他们社交活动的方式是一样的。他们是直奔目的地，买到要买的东西就走，但是当他们面对一个唠唠叨叨说自己事的女性时，他们的思想就会开小差。

男性不会漫不经心地到处看、到处逛。他们有一个目标，制定一个计划，然后就直奔目标而去。你认识的男性有几个喜欢逛街的？我说的是为他们自己买衣服和必需品。我遇到的男性没几个真正享受买衣服的过程。有些男性甚至会画一张购物商场的地图，然后计划好从一家店到下一家店的路径，这样他们可以尽可能地提高效率。说到这儿，我在想发明一个手机应用，就叫男士专用商场 GPS，可以让男性们用最短的时间和最少的精力在商场内找到他们要去的地方的路径。

我以前认为购物是一种习得行为，但是我儿子生来就讨厌逛商场。每次我们进了商场，他就开始哭，然后哀求，“我们现在回家好吗？”

比起给自己买衣服,唯一一件更令男性讨厌的事就是陪女性买衣服。他们不仅讨厌和女性逛街，而且他们在陪我们逛街的时候，他们真的是想着法儿的让自己受伤，只是为了找借口不去逛街。

我怎么知道是这样？我死缠着一位男士让他给我透露“内幕”，男性是怎么想问题的，我没完没了地问他问题，三天后，他终于向我揭示了男性在陪女性逛商场这一问题上的普遍思维过程。凑巧的是，揭示男性逛街痛苦之秘密的人正是我的合著者弗兰克！

他评论……

是的，我们一被拖进巨大的商场停车场，与生俱来的逃生本能就会让我们萌生假装受伤的念头。如果我假装绊倒会怎样？我会跌倒，说我伤了膝盖，我们不得不回家了。我也会躲进卫生间，说我生病了。不，等等！我会自己撞到墙上、撞到小便池上，说我遭到了袭击。这招儿很管用。如果还不够的话，我知道我还能做点什么。我可以关门的时候夹到手指。肯定会有点痛，但是值得。等等，有了！如果我从商场的二楼阳台跳到一楼，我会摔断腿，那我就可以至少 8 个星期不用陪她逛商场了！好主意。但是如果我落地时撞到了头，得个脑震荡什么的，就可以赢得 10 或 12 个星期了！就是这样。只要能结束从一家店到另一家店、从一件上衣到另一件上衣、从一双鞋到另一双鞋的折磨，那也值了。我这就开溜！

"弗兰克！"

"嗯，怎么啦，亲爱的？哦，不错，这双鞋很配你的桃色衬衫和裤子。"现在就毙了我吧！

当然，绝大多数时候，你问他们时男性会完全否认这一点。

Humax 的 CEO 谢丽尔·贝克

很多时候，男性提出生意上的要求时真的很直接、很直白，完全符合我们的 SMART 标准：具体、有实际意义、真实、相关、适时。而女性有时只是做两件事中的一件。她们会要求你给予更广义的好处，而不是满足一个具体的业务需求。这种行为可以从道义上或价值观上帮助她实现个人的奋斗目标，她们提要求时会把个人的奋斗目标放在前面，而不是具体要满足的业务需求。

有一个典型的例子，她们在本地有一项具体的工作，要在会上讨论建一个流浪者之家。我们发现她们常常是把建这个流浪者之家的必要性提在前面，而不是首先提出如何帮助自己开展这一工作。

她回应……

要点在于，男性喜欢直截了当，只管做事，把事情做完就得了，一旦他们完成了手头的事，他们就可以放开与人交流。女性则不喜欢采取直接的方式。这并不是说我们任何一方有错，只是我们双方都可以调整。它只关系到我们各自所选择的道路，正如以下所述：

> 男性似乎马上就开始谈生意上的事，而女性似乎在亲近到一定程度才开始谈生意上的事。比如说，男性问我的第一个问题通常是，“那么，你是做什么的？”女性问的第一个问题通常是，“那么，你是怎么找到我们的机构的？”

要想和社交圈子里的人建立信誉度和盈利性，我们必须学会有效的沟通，不仅是以我们喜欢的方式沟通，而且要用我们的交谈对象所喜欢的方式去沟通。比如说，我第一次在某个社交场合遇到一位男士，我理解他可能想给我留个好印象，也希望我能给他留下印象。彼此有了印象之后，我们可以继续建立信任和信誉度。一旦他知道我对自己的生意是认真的，我就可以进一步跟他建立更私人的关系。

调查说……

生意与关系，依成功而论

我们对那些认为社交确实对其成功发挥了作用的人进行了调查，在这组调查对象中，我们把先谈生意者与先谈关系者进行了比较。结果发现，认为社交对其成功发挥了作用的人当中，有 87.1% 的人也觉得先建立关系再谈生意比较好！

人们是否认同社交对其成功发挥了作用，要确定这一点首先要看他是不是先强调关系，这是一个明确的、无可否认的关键因素。认为社交对其成功有作用的人往往会在做生意前建立关系。这似乎体现了关系为先这一方法的有效性。

那些越过建立关系的环节，想要进行一场“全生意式”交流的人常常发现信任和声誉不单单只是做个样子给人看——它们是社会资本的一部分，能够激发互惠互利的商业关系。绕过建立关系这一环节的人更有可能觉得社交对他们的成功没什么帮助，也许他们是对的——因为他们做得就不对。某些人认为社交就是公事公办、只谈生意的会面，与这样建立的关系相比，通过 VCP 过程发展起来的社交关系要稳固得多、持久得多、而且获益更多。

如果你的社交活动是看重交易而非关系，数据似乎表明在整个过程中你几乎得不到令你满意的成功。换句话说，如果你首先看重的是建立关系，其次才是谈生意，那么你就更有可能觉得社交对你的成功有着重要的作用。

有趣的是，我们的调查数据显示在这方面女性似乎比男性做得好一点。不仅是女性往往会以关系为重，而且在本书后面的章节，你会看到相比男性所创办的企业，这对女性所创办的企业有着怎样的影响。

虽然没有考虑到性别因素，这条值得带走的经验我们认为很好、很不错、很有吸引力：以关系为重的社交者会更成功。

♂ 他说……

先生意，后关系

我们只是想把事情完成。我们尽可能地走捷径以最有效的方式满足自己的需要。对我们而言，只有在达成交易之后，才谈得上关系。我们谈生意，做交易，然后才与顾客、客户和给我们介绍业务的人建立关系。如果我认为面前的这个人是可信的，能够说到做到，如果我给他生意做或介绍业务给他，他会让我很有面子，那么这时候，而且也只有这个时候我才真正有兴趣和他建立关系。

先做生意，我们通过这种方式与他人建立关系。之后我们可以一块儿去喝喝酒、打打高尔夫、加深彼此的联系。在和女性交往时，这种方

不成熟的要求 / 伊凡·米斯纳

有没有碰到过你根本不认识的人求你推荐他或给他生意做？我称之为“不成熟的要求”。（快速念三次这个词，你可能就会有麻烦！）

我曾遭遇过多次“不成熟的要求”。最近有一个商业社交活动请我做演讲，在作报告之前，有个男士走过来说，“您好，很高兴认识您。我知道您认识理查德·布兰森（维珍集团的创始人。——编者注）。我是做专业营销服务的，我敢说我提供的服务一定能给他名下的企业带来好处。您能不能介绍我和他认识，这样我就可以向他展示我的服务如何能助他一臂之力？”

好吧，我想的是：

你是不是脑子进水了？我会介绍你，一个我根本不认识而且一点关系都没有的人，去认识理查德爵士，我也只是见过他几面而已，就这么着，你就可以试着向他推销我对其一无所知、自己都没用过的产品或服务了吗？嗯，不错。你等着吧，没门儿。

我很想直接表达出来，但是，好不容易，我才算把这番心思压了下来，以一种更委婉的方式回应他。

我说，“你好，我叫伊凡，很抱歉——我想我们以前没见过，你叫什么名字来着？”这话出乎他的意料，使他马上意识到他的“要求”有点“言之过早”了。我解释说，我通常会介绍客人给我的熟人认识，但只有我先与服务商之间建立了长期、稳固的关系之后我才会这么做。他道了声谢，就又去寻找下一个目标了。

更令我吃惊的是，几个月后我在一个我最喜欢的社交网站上把我的经历写成博客。结果引发了一场大讨论，大多数人都讲了他们可怕的经历，有的人尽管以前从未见过面，但在社交场合抓住他们就让介绍生意，真让人发晕。

每次一想到这几乎是人们对这种社交方式的一种普遍的反感，我就又被少数仍然认为这实际上是一种很好的社交技巧的人带回到现实中来。

令我惊讶的是，一位男士竟然在论坛上如此写道：

我恰巧不认为你有必要和你初次向他提出请求的人建立关系。你必须具备的是极具说服力的故事或产品/服务，能够真正让推荐你的人受益。你没有和此人建立关系这件事已经无关紧要了，因为更重要的是，你已处于一个帮助（你接触的人）从介绍中获益的位置。如果真能给要介绍的人带来好处，我觉得就没问题了。

所推荐的东西能否使人受益才是关键，而不在于和请求推荐的人有没有关系。

我为什么要拒绝给我的熟人介绍好东西呢？

哇。我还能说什么呢？“关系”无关紧要！你所需的只是一个好故事、好产品或好服务，我不把你介绍给我的熟人我还欠你或任何一个陌生人（他或她说是有好的产品）的情了！真的吗？人们真是这样想的吗！？按照这位仁兄的说法，我是否真的了解或信任这个想要做生意的人全无所谓。只要他能提供优质的产品（或者他说是这样），我就应该把他推荐给我的熟人，如若不然，我就是“拒绝”让我的朋友享用“好东西”了！

社交不是打猎，是精心培育，是建立关系。不要总想着“不成熟的要求”。如果牢记这一点你将会是一个更好的社交者。

法就行不通了。女性在给我们生意做或把我们介绍给她们圈子里的人之前，希望对我们有所了解、喜欢我们和信任我们。

男士们，女性在获得别人的推荐和给别人介绍业务方面是一流的。如果我们不花时间去建立关系，或者不把她们当回事儿，我们的损失可就大了。慢下性子，耐心倾听，多了解我们的女性交流对象，对我们来讲毫发无伤。我们不要急着从能见度阶段直接跨入盈利性阶段，应该在整个关系的信誉度阶段放慢脚步，建立更稳固、更有效的关系。

♀ 她说……

生意与关系的平衡

当然关系最重要。从两国联姻的时代我们就在谈论关系了。“可是，妈妈，我真的希望和我结婚的是我所爱的人。我不希望它成为一种商业联姻。”总是以关系为先，但不能只谈关系。我们要找到幸福的平衡点，建立一种关系，有了这层关系，我们可以请求对方帮忙介绍业务或引见熟人。当我们与社交圈内的人有了良好的关系，他们就会更乐意为我们牵线搭桥。

第 4 章

特定性别的社交障碍

调查说……

最佳社交时间

我经营世界上最大的社交组织这么多年，偶尔也听人们说起担心家庭责任会影响到他们参加商务会议。我开展此项调查，希望能看到两性在这个问题上存在的戏剧性差异。结果却令我惊讶。

许多女性跟我说参加早晨的商务会议对她们来讲颇有难处。这是可以理解的，因为虽然我们的社会比过去更加男女平等了，但是相当多的女性告诉我大部分的家务、组织家庭活动、送孩子上学依然是由女性来承担的。但是我们的调查结果显示男女之间的差异原来并没有多大：难以出席晨会的女性（9.3%）只比男性（8.4%）略多一点。差不多有22% 的男性说早晨参加社交活动一向比较方便，女性则占 19%。尽管我们所调查的女性觉得早晨参会不太方便，但男女相差并不大。

这也许是个别现象成为整体观念的又一例证——这里的观念是我本人的。言辞激烈地表达对晨会不满的女性似乎是一个庞大的群体，实则不然。这就引出了一个问题，我们对事实的看法、对坏消息或负面的刻

情绪还是事实?

如果听者先是从一位没有任何情绪的讲者那里听到同样的消息，仅仅是转述事实，然后再听一个情绪激动、忧心忡忡的人说这件事，听者更有可能对第二种情景中得到的信息进行过分地渲染或夸大。夸张地、情绪化地传递信息也有另一面，那就是听者可能会曲解原意，认为你是在夸大其词。想想我们大多数人都经历过的经典情景，某个以戏剧表演出名的朋友很激动地传达了一个激动人心的消息。你会怀疑他描述的情景没有一点夸张的成分吗？很强的情绪感染力会从讲者传递给听众，这是一种技巧，多数伟大的演讲者已把它发挥得淋漓尽致，而成为一种艺术形式，因为它具有超强的表现力。

板印象铭记在心的这种倾向，在多大程度上会受到带着情绪传达的信息的影响呢？

听到个别女士当面和我说早晨参会可能有问题，我马上就担心把会议安排在早上可能给公司的大多数女性造成不便，也许无意中会使她们离开我们的团队。正如调查结果所证实的，这个问题不具有普遍性，公司的所有女职员没有任何的怨言，和男同事一样按照惯例准时参会。因为对涉及性别的问题比较敏感，我把早晨开会可能存在的问题看得比较严重、令人担忧，实则不然。这个例子再一次证明了带有情绪色彩的事实会放大人们对它的看法。

尽管有事实为证，调查数据并未显示男女在这个问题上存在很大差异，个别不赞成早晨开会的女性似乎非常强烈地反对早上开会。看看一位女士在下面的反馈意见中用的那些词：

> 为人父母、重任在肩，早餐时间难以抽身。女性不能参加早晨的会议，是因为她们同时也选择了做一个好家长。这对于社交圈子来说，真的是一种悲哀！我经常在想，组织活动的这帮嫌弃女性的蠢货是否明白女性手里控制的开支更大，女性比男性更擅

长沟通，是更多小型创业企业的所有者。我们不参会是他们的一大损失。

女士们，请不要攻击说话人：数据显示男女对于白天什么时候开会的态度并没有太大的区别。尽管人们的反应强烈。这说明尽管双方在调查显示的数字上没有大的差别，但是持反对意见的人对这个问题的反应还是很强烈的。

许多女性担心开会时间对其他女同胞是个挑战，对一些男士也是个问题，从下面的评论你就能看出来：

> 我听到过好几次，女性一般都觉得早晨开会多有难处，因为她们通常要照顾小孩、送孩子上学等。

鉴于只有极少数人对晨会持反对态度，总体而言，两性对于会议在早上、中午还是晚上举行，似乎都没什么问题。虽然相比男性，女性认为家庭责任是影响社交活动的一个更大的障碍。

尽管问题似乎并不像嘴上说的那么严重，但我的看法是这对某些人来讲是个严重的问题。

女性更赞成把社交活动安排在中午，持此意见的女性（8.7%）约是男性（4.7%）的两倍，她们认为中午的时间总是比较合适的。对于把社交活动安排在晚上，双方的看法几乎是一致的。

♂ 他说……

社交的好处超过时间安排上的不便

我听人们谈论社交活动时，把它当成是某种义务，我无法理解。会面、闲谈、交往作为一种低成本、高效益的获得业务的手段怎么成了一件令人讨厌的事呢？人们谈到社交就好像它是一件令人厌烦的工作。如果让我选择是通过花巨资做广告、以期获得丰厚的投资回报来拓展业务，还是大幅削减广告开支、通过与我所在社区的人们交往来拓展业务，这是无需用脑就可以回答的问题，特别是通过社交得到的长期效应比付费广告带来的效应更加稳固！

我的这份忠告主要是说给男性听的，女性也不妨考虑一下。在营销方面花不必要的钱是很蠢的。面对面交往的好处不仅比付费广告更实惠，而且它的好处远不止是拓展你的业务。男士们，如果你还是要贬低社交的价值，为它所带来的一些小小不便而犯难，你就犯傻了！

首先，我们来好好看一下经济效益。如你所知，任何企业都要考虑软货币成本和硬货币成本。“硬货币”是指从你口袋里掏出来的钱，包括信用卡、现金、支票和其他具有金钱价值的财富。“软货币”一词则用来给服务或投入的时间分配价值，另一方面它也叫做劳动价值。它不是从你的银行账户或口袋里提取出来的有形金融资产，而是你非常宝贵的时间。比起可能要花的真金白银，人们更倾向于以劳动价值或软货币的形式做大手笔的投资。明白我的意思吗？投入时间所获得的财富比花硬货币得到的财富多。你从软货币投资中也会获得比你认为的等值的金钱更多的价值。

如果你把人力、社会交往、联系和建立关系等软货币投资加在一起，它给你的企业带来的经济价值会令你大吃一惊。

稍等。社交是为我们省钱的，这不用想都明白，因为我们“支出”的是更多的软货币，这和上面所讲的内容不是自相矛盾吗？绝对不矛盾，因为社交活动若是开展得有成效，特别是对于小企业主和专业销售人员，它会产生比单纯做广告更多、更持久的效果。

我们来看看除单纯的销售额以外，社交所带来的一系列积极的财富效应：

· 销售量增加
· 每笔销售业务的平均交易额增加
· 成交比例提高
· 推荐的人往往都是高资质的专业人士
· 得到更多的引荐和推荐
· 更多回头客

· 好口碑带来的市场利益更多
· 更高的客户忠诚度
· 在当地获得更多的认可
· 预期价值更高

你建立的关系越稳固，你就越值得信赖。你的信誉度越高，就会有更多的人聘用你、推荐你。高品质的印象是通过社交活动建立起来的。有很多人为你作证，你的名气越来越大，大家对你越来越有信心。当你多次证明了自己的品质，别人在推荐你时，对你的价格和质量都无须置疑。

广告对于企业来讲，很有用而且很重要，但是它不能代替通过实际的社会交往所建立起来的信誉度和声誉，交往可以提高你的声誉，提高大家对你的信誉度的认识。如果你能够充分展示自己和你的服务，它也会像野火一样迅速将你的友善、睿智、友好和善行的名声远播。人们希望和人做生意，而不是和公司或挂名的领导做生意。对于想要满足当地消费者需求的企业，他们可以投资的最重要的营销策略就是主动去和最近的区域内的人进行有效的交往。

作为男性，我更喜欢早上开会，因为早上的会议不会像其他时段的会议一样，打断我朝九晚五的工作时间。当然，上班前或下班后开会是

彰显你的品质和道德水准

品质上乘的印象是一种深刻的印象。众所周知，消费者都愿意多花点钱去购买他们认为具有高尚的道德水准和产品价值的服务及商品。从当地种植的有机农产品和更安全的食物到按公平交易原则生产的咖啡，以及将部分收益用于慈善事业的商业企业，消费者通过自己的消费选择，向市场证明了良好的道德水准和品质保证才是他们所追求的。消费者支持你，对你如此信任，不断地为你做宣传，还有什么比这更好的方法来传播你企业的优质形象吗？

方便些，但是有困难也不怕，最终我会尽力而为的！当你意识到社交给你带来的巨大价值后，因调整时间开会而带来的不便就不值一提了。

我不愿意放下工作去参加午餐会，而结束了一天的工作后，我很疲惫，更愿意回家与家人一起放松一下，但是如果有对我很有价值的社交机会，我会去。为什么？因为我是猎手啊！我的工作就是挣钱养家。这是我不可动摇的责任，我出头露面（能见度）的机会越多，记住我的人就越多。因为我对他们的关照，我们的关系越深入，我的声誉（信誉度）就越卓著。

请理解我不是否认广告的价值或重要性。相反，如果你在与人交往，能见度大大提高，那么在合适的时间，通过精心策划的广告或市场营销计划可以迅速而有力地树立起你品牌的信誉度。关键要记住必须让大伙儿见到你，知道你的存在。你的才智、诚信和毅力是人们将谈论的，所以你要主动上前去和他们握手、亲吻孩子，正如俗话所说，向他们展示你有多么伟大。

♀ 她说……

社交时间安排

统计结果真的让我很惊讶！男性和女性都认为中午是社交活动的最佳时段，比早上和晚上都好。还有比我预想的多的女性对早、晚的选择也可以接受。奇了，真奇了！我满以为会有相当多的女性反对早、晚的社交活动，因为有家庭责任。

作为 BNI 的董事，在我的职业生涯中我听到女性对于参加社交活动最普遍的抱怨就是她们早晨无法到会，因为要送孩子上学和上幼儿园。可以想象当我得知调查数据并不能证明这确实是大多数女性的一个普遍原因时我是多么惊奇。我只能假定这是女性找的一个借口，她们不想参会，但又不便说“不”。接下来的问题反映出女性或男性都认为家庭责任，在多数情况下，不会妨碍他们参加社交活动。这真的更令我惊讶了。

女性是以家庭责任为由，不去积极参与或加入社交圈吗？有没有可

家庭：努力创造平等机会

随着女性进入职场，越来越多的男性承担起更多的家庭责任。男同胞们！你们猜猜这会怎样？你可以少承担一部分赚钱的责任，把一部分工作让给女性，让她们分担一些责任，做一些对你们都有利的调整。

能这只是她们在设法回避邀请，以免当面给人难堪呢？也许是她们难以说出这样的话，“不，我就是觉得这个圈子不适合我。”这是不是真实情况，真实的程度如何，我们不清楚，但是对于这些确实觉得时间安排是个大问题、很难抽出时间的女性朋友，我有几点建议，或许可以帮你更好地平衡商业社交与家庭生活的关系。

- 围绕社交活动制定一些机制，包括随时跟踪了解情况
- 选择合适的社交活动
- 让社交网络的管理自动化，这样你就可以腾出时间完善你的网络而不只是参加社交

很多情况下，我们发现自己都在赶场，参加完一个活动又紧接着参加下一个活动，没有一个真正的目标、计划或要达到的目的。到头来我们把时间都用在了在错误的时间和错误的人进行错误的交谈。上述三点建议有助于你找到更好的平衡点，因为你有了更明确的目标。

当然，你在参加社交活动的同时要安排好家人和你的家庭生活。还有一个麻烦就是如果你晚上下班很晚，无法出席一大早的早餐会，或者你很早就要上班,没有灵活调整的余地或是老板不能理解你偶尔的晚到。你也许想和老板直接提出这个问题，看看是否还有其他选择。

此外，如果你一天的工作真的很忙，要忙到下午三点左右，不停地见客户或在市里来回穿梭，你就想避开中午参加午餐会，因为你可能很难准时到会。

选择能够兼顾你的生活方式和作息时间的活动安排。晚上可能是你

享受家庭生活的最佳时间，所以参加晚上的会议，即使你能参加其中一些，从长期来看也会给你带来压力和挑战。记住如果你想获得最佳效果，你就必须长期积极投入其中。也就是说你预留出来的时间不单单只是用来开这么几个会。

在时间安排上要留出余地，这样你也可以留出时间参加这个圈里召开的一些小组会议，或者主动去协调或牵头一些项目，可能要来得早一点或走得晚一点。所有这些细节都是你倾注在里面的心血，最终，会用到你的事业上。人们经常是加入了社交圈子，可他们真的是没有时间保持高质量的积极参与。宁缺毋滥，参加少数几个你真正有时间和精力投入其中的圈子，也比参加一大堆活动，却只是露个面或应付一下场面要强。如果你不选择前者，你就会因为没什么结果而感到沮丧，更别说如果你只看重数量而不是质量，你会错失深入其中所能带来的任何好处。

调查说……

家庭责任

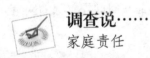

尽管家庭责任对大多数人来说不是个大问题，但图 4–1 显示，普遍认为这是个问题的女性人数比男性稍多；认为家庭责任有时是个问题和

不同看法的比例：我认为家庭责任妨碍或阻碍我参加社交活动		
	女性	男性
通常或总是	11.9% (663)	9.6% (531)
有时	25% (1,394)	23.2% (1,285)
从来不会或很少	63% (3,502)	67.2% (3,719)

图 4–1 不同性别对家庭责任的看法

总是问题的女性占受访女性的 37%（25.1% 加上 11.9%），在同一类别中，男性则占 32.8%（23.2% 加上 9.6%）。这不是一个很大的差别，但是有统计显著性。

一位受访女性补充道：

> 女性参加社交活动的人较少是因为她们有家庭重任在肩。

另一位女士说：

> 女性往往会因家庭责任而较少参加社交活动，特别是孩子还小的那些人。

究竟怎么回事？

为什么两性有各自不同的阻碍其参加社交活动的困难呢？从家庭责任到时间安排上面临的种种挑战，比如缺乏积极性或自信方面的问题，对女性来说，所有事情都会成为社交的障碍。男性似乎更多地遇到社会习俗和敏感行为方面的问题。

加利福尼亚大学欧文分校的心理学教授理查德·海尔和新墨西哥大学的同事一起做了一项有趣的研究，深入实质的实质——即，组成脑组织的灰质和白质。虽然人们都知道男女在一般智力测验方面的得分是相等的，但这项研究的一些新发现更清晰地揭示了男女在智力类型方面的秘密。他们的研究表明男性的大脑中，与一般智力有关的灰质几乎是女性的 6.5 倍。女性大脑中，与智力有关的白质则几乎是男性的 10 倍。

灰质的主要功能是处理信息，白质的功能则是将从灰质收集到的信息进行整合、建立联系并将信息进行传递。还有一点值得注意，那就是女性大脑中的灰质多分布在白质内，不像男性的大脑——灰质和白质的分布相对分开。这就解释了为什么女性擅长语言、集体活动、相互联系，而男性更有目的性、擅长数学、以完成任务为导向。

数据再一次表明，问题的严重性似乎并不像嘴上说的那么严重。尽管受访者的反馈表明家庭责任对女性参加社交活动的影响会略大于男性，但调查结果显示家庭责任对女性的挑战和男性相比并没有高出很多。

♂ 他说……

家庭责任与社交的冲突

作为养家糊口之人，我的首要责任是养家。我必须为家人提供衣、食、住、行和所有其他要花钱才能买到的东西。尽管女性作为家庭主要经济来源的人数在增加，但是据 WorkingMother.com 在 2010 年进行的一项调查，在 60% 以上的家庭中，男性还是承担主要责任，女性则主要是照顾家庭。

照顾家庭和养家糊口的责任是一样的，都不容易，要投入劳动价值中的很多时间。其职责和要求需要花费金钱、精力，最重要的是时间。对于养家者，耗费的时间通常在家庭以外。很不幸，我必须要做我必须做的事情来养家糊口，维持我太太和我认为我们应有的生活方式。

社交是我工作的一项重要内容。建立关系、创造能见度、抓住机会向圈内的新人介绍产品，这些都是本地企业要发展所必须经历的过程。会不会因此而牺牲陪伴家人的时间呢？很遗憾，是这样的。

我希望女性读到此能够理解一下大多数男性，整天不在家不是我们想要这样，实在是迫不得已。为什么家庭生活不会阻碍我的社交活动，因为我知道为了继续承担起养家糊口的重任，我必须仍然以事业为重。

有些时候我挣的钱足够满足家庭所需，那我就可以放松一下，“偷懒”一会儿，陪陪家人，但随后又要不可避免地开始新一轮打拼，我必须把银行账簿上流失的数目补回来。而且，我早晚多加几个班，重要的家庭活动不会安排在这些时间，这样我就可以超前几步，之后就可以自由享受与家人一起的时光了。

♀ 她说……

充分利用社交时间

现在是下午 4 点。我已经忙了一天，从一大早安排家人和我自己出门开始到把每个人送去参加各自的活动。一天下来，我马不停蹄。送完一个孩子去踢足球，又送另一个去打棒球，然后拿干洗衣物，再赶回家让孩子们做明天要交的功课，又洗几大堆衣物，把狗放到户外，接电话，准备明天的午餐。当一天要结束的时候，我还没忙完，又听到房间里有人在喊，夹杂着电视的嘈杂声，问道，"亲爱的，晚饭吃什么？"我停下脚步心想，他这是怎么了？好像家里又多了个孩子似的。

作为一个母亲、妻子和企业老板，如何管理自己的时间非常重要。我总是在这三者之间寻找某种平衡。大多数时候，我就像个同时演出三套节目的大马戏团的马戏表演领班，好多个不听话的小丑在我身边跑来跑去。在我学会掌握时间管理上高难度的平衡技巧之前，我知道社交对于树立企业形象的能见度非常重要，但是照顾孩子、丈夫、参加学校的活动和家长会这些活动会让你疲于奔命。

如果我要去参加一个社交活动，我必须保证我不在的时候家里有人照顾。如果是晚上的会议，我就把孩子留给他们的父亲，我要保证他有喂孩子们吃的东西，要留张字条提醒孩子们完成作业。当我开完会一身疲惫回到家，我还得看看他们第二天吃早餐和午餐的钱预备好了没有。如果还有时间我在上床睡觉前甚至还得赶着洗一堆衣物。这一大堆乱七八糟的事和各种要求搞得你晕头转向，应付都应付不过来，这可能也是为什么和男性相比，有这么多女性会选择少去参加社交活动的原因。

我从女性那里听到的最多的抱怨就是她们不能参加社交活动，因为有家庭琐事羁绊，比如送孩子上学或上幼儿园等。就我个人的体会而言，有时参加社交活动确有难处。与 20 世纪 90 年代初期相比，现在有了更多的社交机会，所以现代女性可能要在各种纷繁复杂的选择面前，合理安排自己的家庭时间。

事实上，我们在个人生活中忙得团团转，正因为如此，我们要充分利用社交和工作的时间，这一点至关重要。不论男女，都可以帮自己养成良好的社交习惯，也就是说把大量宝贵的时间用于和那些他们已经加入的社交圈子里的人建立深度的联系，而不是跑这跑那，试图去认识更

谁操持着这个家?

一周内天天都有社交活动，而且从早晨、中午到晚上，各个不同时间段都有社交活动。要找到一个大家都合适的时间是有点困难。MySalary.com 网站有一篇文章，题目叫做“两性战争”，讲的是男性和女性在承担家庭责任方面是如何分配时间的。其统计数据来源于美国人时间利用调查，这是劳工统计局搞的一项调查。

1. 全职工作者：男性平均每天工作 8.2 小时，比女性稍长，女性平均工作时间为 7.8 小时。
2. 家庭琐事：平常的一天中，有 20% 的男性做家务劳动，比如清洁、洗衣，女性做家务的占 52%。
3. 做饭：37% 的男性帮忙做餐前准备或搞卫生，女性则占 64%。如果这表明男性不搞卫生的时候都是在吃，有谁会真的觉得奇怪吗?
4. 照看孩子：平常一个工作日，女性实实在在照看孩子的时间是 1.2 小时，比如给小孩洗澡、喂饭，而男性是 23 分钟。周末，女性实实在在花在孩子身上的时间大约是 1 个小时，男性约为半小时。

最近，美国人口普查局的一项调查发现，美国约有 1370 万个单亲家庭。其中 84% 的家庭是单身母亲，剩下的 16% 为单身父亲。这个群体无疑需要更灵活的时间安排和时间管理技巧，才能有空参加社交活动。

我可以听到女士们在那儿想，好了，现在给我讲点我不知道的事情!

多新面孔，这点可以控制得很好，而且你会从所投入的时间里获得丰富的回报。

调查说……

安全问题

有一个方面，我们也许希望能够看到性别上的差异，这就是个人安全方面。真的，这个问题揭示了男性和女性在各自的看法上存在的最大的一个差异。

我们问参与调查者他们是否觉得晚上参加社交活动不安全。图 4–2 所示就是他们对这个问题的回答。

此结果似乎表明男女之间在“从来不觉得”这个级别上相差很远，相当多的男性——超过 82%——说他们从来不觉得晚上参加社交活动不

不同看法的比例：我觉得晚上参加社交活动不安全			
	女性	男性	
1. 从来不觉得	63.6% (3,509)	82.4% (4,524)	
2.	19.2% (1,507)	8.4% (461)	
3.	10.7%	5.8%	
4.	4.6% (255)	1.7% (94)	
5. 总是觉得	1.9% (103)	1.8% (97)	
平均值	1.62 (5,516)	1.32 (5,492)	1.47 (11,008)

图 4–2　不同性别对安全问题的看法

安全，不到64%的女性给予类似的回答。在另一端，尽管其数字不足7%，几乎达到男性两倍的女性说她们总是或通常觉得晚上参加社交活动不安全（最后两项加起来的和）。虽然这些数字反映的结果也许正如人们所料，但是按照男性和女性的说法，他们对于晚上参加会议有着几乎相同的倾向，这些数字又有点让人感到意外。

♂ 他说……

在社交场合缺乏安全感

以下受访者的评论还反映出社交存在的另一个障碍：安全感。男性和女性之间相反的动机和沟通障碍带来了安全感的问题，这次我们真的要谈性了！

> 我在社交场合很害怕男性。我也不想让他们认为我是因为不恰当的原因而接近他。

> 也许从女性的观点来看，社交最头疼的事就是许多情况下，男性会以为跟他们交谈的女性感兴趣的是跟他们上床！

> 作为一名女性，我认为与某些男性交往有一条细微的界线。他们常常认为你是对他感兴趣，不是对生意感兴趣，你必须小心谨慎地用高度的知识水平和专业水准把握好开放和友好之间的平衡，让他相信你是有能力的。

> 我和异性交往遇到的唯一的问题就是被挑逗。这在我身上已经发生过很多次了，我都记不清了。由于某些男性表现出来的似乎无法控制的行为，影响到我一般情况下和男性的交往。男士们，在社交场合，请记住我们是有智慧的人类。不要搞得色色的，降低你我的身份。每次你都会失去大笔买卖！

> 在参加非正式的社交联谊活动时，我有时觉得有些男性“鬼鬼祟祟”。我觉得他们是醉翁之意不在酒。

这些只是许多反馈意见中的几条，还要我继续说下去吗？是令人难以置信，但这种话是我们听得最多的。男性们，真的有必要这样吗？你们真的就那么令人绝望吗？还说要建立声誉！如果你们就是这种做派，你肯定会声名在外，相信我，这种名声对你没好处，我很怀疑你是不是就想要这种名声。这就是为什么女性们很怕晚上参加社交活动的原因。我甚至无法跟你说我作为一名男性有多尴尬。个别现象会成为整体观念，我想不出比这更好的例子。它伤害的是我们所有的人。

我保证你可以猜到极少有男性会对参加社交活动感到不适，不管活动安排在一天中的哪个时段。有趣的是，感到不安全的女性害怕的正是参加社交活动的男士，而不是那些可能躲在停车场的男性。女性很怕男性不正经、有不轨行为；换句话说：就是害怕男性以一种暗示或明显不只是想交个朋友的方式挑逗、亲近、接触和与她交谈。我再次代表所有的男性向所有的女性表示歉意。

男士们，你们在和我开玩笑吗？我是认真的！你们意识到没有，你们的行为就像是大学里学生联谊会的毛头小子？我再提醒你们一下 VCP 原则。你觉得这样可以建立你的信誉度吗？商业活动是为了做生意，不是去猎奇、泡妞，我知道并非所有的人都这么做，但是别忘了个别现象会产生整体观念。

♀ 她说……

我们处于弱势

有好几件事也许会让女性觉得参加晚上的社交活动不太合适，特别是她要一个人去的时候。从车的问题、担心被劫到其他任何一个问题都可能让她处于危险的境地，女性们晚上独自外出时就是觉得更容易受到伤害。这些是真正的担心，还是只不过是莫名其妙的夸大其词呢？晚间新闻和关于犯罪的电视节目反复报道女性在参加各种交谊活动时被杀的内容，特别是单身出行，通常都是在晚上发生这类事情，这更加重了女性的担忧。如果有一个女性在这个地方被抢劫或绑架，所有女性都会感到害怕，会想到自己是多么的柔弱可欺。

男性们认为他们可以照顾好自己，沿着一条灯光昏暗的小路走去参加社交活动对他们来说不算个事儿。管它呢，他们以前都是用棍子和石头杀恐龙、挥舞着刀剑上战场的。还用害怕有人躲在暗处伺机而动吗？

在晚上的商业社交活动中，人们的行为会有所改变，表现得更加轻松自如，不像参加早晨和中午的会议时那样机敏、语气直截了当。晚上喝上几杯小酒后，男性和女性都会更觉轻松。不幸的是，有些男士和女士喝过了头，有点太放松了。一旦贪杯过度，人们说话做事就会有失分寸，从不停地讲些黄段子到动手动脚，各种表现都有。下面这些例子就是在受访者看来，痛饮之后，商业活动也跟着变了味：

> 晚上举行的很多社交会议，都会有鸡尾酒，几乎总有那么个人，通常是男士，会有点放纵自己喝过头。一旦发生了这种事，社交就变成了调情。我就见过这种活动最后变成明显是在“挑逗”女性。我想这种举动会吓着或激怒某些女士。我也曾不止一次在这种场合被这种行为弄得很难堪。

> 我最开始做生意的时候，加入了当地的商会。那时我年轻，又是个女的，而且单身，又很单纯，我经常发现自己和男性们在一起很尴尬。

> 我过去常在非正式集会和餐会上和许多男士交往。但是，我发现 60% 的时间里这种社交会变成他们对我的挑逗或是不把它当成是一种工作上的交往。

面对这种挑逗，最大的一个问题是许多女性就是不知道该怎么办。她们最后只是走开，因为不想惹麻烦。有时她们甚至说服自己，她们只是误解了这种有失检点的行为。在提供免费或便宜的酒水的社交场合发生这种事情从来就不让我感到吃惊。

有些男性是不是盼着有这种活动，因为他们想趁机挑逗女性？我肯定不止一次听到过这种说法。下面是我们调查得到的另外一些反馈，会让你也这么想：

> 作为一名年轻女性，我发现社交场合是以一定年龄的喜欢饮酒的男士为主。这种情况下很难让人把它当成一件严肃的事来对待。虽然活动本身并没有错，但我也常发现男性会有一些不恰当的性骚扰举动、言语、甚至假装给你机会做生意，以便进一步和你套近乎。

> 我曾经和男士参加过一些社交活动，最后遭到了我们谈话圈子里的其他男士的挑逗，让人很不舒服。他们明明知道我已经结婚了而且有孩子！那这是做什么？

别乱来，伙计们，社交场合不是约会地点。如果你想找艳遇，加入交友网站好了。如果你是在参加商业活动，就要拿出点职业风范。帮自己一个忙，表现出真正的兴趣和尊重。如果和你交谈的女性别有用意，时间长了你会知道的，但是假装以谈业务为名挑逗人家只会毁了你自己的信誉，给自己带来不好的口碑，而且还会形成一种观念：男性总是想挑逗女性；这又是个别现象成为了整体观念。

下面再引用一些这方面的经历：

> 作为一个单纯的女商人，我浪费了很多时间和那些假装对我的业务真有兴趣、要建立业务关系的男性交谈。等到活动快结束或午餐会时他们就露出庐山真面目（性）。我花了好长时间才分清楚严肃认真的专业人士和另有所图的伪君子。

> 我注意到尤其是面对年轻、漂亮、还有我讨厌说出这个词……金发女郎时，男性就越喜欢和她们调情。这是我的观察。我还注意到如果女性的着装“有失”职业风范，男性就会更留意她。

女士们，如果男性在商业场合对你举止轻浮，马上说出来，让他知道他说的话不合适、不能让人接受。你没必要大呼小叫。你可以表现得很专业，同时又让他知道你不会容忍或不希望看到他或其他人的这种行为。默不作声、悄悄走开只会让这种人又去占别人的便宜，事实上倒让他有了这种想法，你默许他的挑衅。

每次你都不说出口，你就把更多不检点的行为留给了其他女性，使她们将来不得不去面对。如果我们集体传递出一种信息，我们不能接受这种行为，一段时间后这种行为就会消失，因为这些男性不会再尝到任何甜头。只有屡试不爽或是尝到了某种甜头人才会去做。

第 5 章

不同观念形成不同喜好

调查说……

对不同类型社交活动的偏好

当问到人们偏好哪种类型的社交活动时，我们发现更多的证据表明男性和女性有着不同的偏好。一般来讲，女性对社交活动的态度比男性更灵活，男性可能会具体说明他们喜欢哪种类型，有组织的还是非正式的。此外，男性比女性更偏好有组织的活动（比如商业推介活动）。

两性大脑结构的差异或许能够解释为什么女性对社交活动看起来选择面更宽一些，而许多男性则比较窄，仅限于有组织的活动。很多女性受访者抱怨有些男士对社交采取一种在她们看来是很拙劣的“这跟我有什么关系”的态度。下面这位受访者的评论就体现出差异的一个方面：

> 在我的社交圈里，我发现女性更善于问我所从事的工作和我有什么需求，并且会谈到她们的工作和需求。而有些男士好像一点也不懂得如何在他们所从事的工作领域之外交流信息和建立真正的联系。

然而，另一些受访者的意见则表明把男性和女性的方式相结合才能体会到一种更平衡、更令人满意的社交效果。这位受访者承认男女有别——但是看到了男女搭配的好处，可以使整个过程更丰富、更有价值：

尽管两性的社交方式有许多不同之处，但是在我6年的商业生涯中，我发现两种方式相结合、互为补充，社交活动才能取得成功。

不仅仅只是考虑到两性社交方式相结合产生的平衡效应，一些受访者真的是很渴望这样做，正如下面这番关于一个失去平衡的、全部由女性组成的社交圈子的评论所讲到的：

自从加入了一个新女性的社交圈子后，我觉得空虚、一无所获、浪费时间。作为一个从事女性健康服务的女企业家，我希望从别人的经历中得到一些启发。但是，我参加的是一个过于感性的、很情绪化的、区域性的聚会，其间有位女士和大家讲了她最近遇到的挑战，其他女性于是告诉她，她们会以怎样的方式来处理这件事，而不是她应该从中吸取什么样的经验教训。我的确相信虽然男性和女性在社交和商业方面有各自的喜好和倾向，但正是依靠两者的互补和合力，企业家才能获得成功，事业才能蓬勃发展。

是否有异性在场，对双方都是一种压力，要表现得拘谨一些，至少要表现得好一些呢？会不会有这种情况，在大家都彼此彼此的场合会感觉更自在呢？以下看法似乎很受男女组合的启发：

我发现最健康的社交圈子往往是男女会员相对均衡的组合。男女搭配得好，肯定会获得丰富的经验，如果只有男性或女性，就达不到同样的效果。不同性别会有不同的经验和看法，把男女的技巧和特点发挥得恰到好处，就可以把团队的成功带向新的高度。

作为一名女性，我时不时会造访一下女性的社交组织，我发现我去过的那些圈子不是积极向上、富有成效，而是往往偏离主题，变成对男性的声讨。我选择不加入这种文化氛围。我也去过一些组织，成员是清一色的男士，我发现一个“老男孩俱乐部”，作为一

你偏好参加哪种类型的社交活动?				
	有组织的社交活动	非正式的社交活动	没有偏好，两种都喜欢	总应答率
女性	48.6% (2,886)	44.5% (365)	**53.1% (2,162)**	49.9% (5,413)
男性	**51.4% (3,058)**	**55.5% (455)**	47.0% (1,913)	**50.1% (5,426)**
回答问题	5,944	820	4,074	**10,838**
跳过问题				2

图 5–1　两性对不同类型社交活动的偏好

名女性很难融入其中。我更喜欢男女比较平衡、彼此相互尊重、将对方视为生意上对等的伙伴的社交圈子——这就是我在 BNI 想要找的圈子。

有趣的是，男性所表达的观点是对有组织的和非正式的活动都喜好。你清楚了吗？如果男性两种类型的活动都喜欢，但表达出来的却是对两种类型的活动同样偏好，那这种说法和女性哪一种类型都不偏爱，两种都喜欢有什么不同吗？如果你对哪一种也不偏爱，都可以，这是不是说两种类型的活动你都喜欢呢？男性和女性对两种类型的活动都可以接受，但是各自的表达方式值得注意。女性的灵活性更大是不是证明了现在的一种假设：女性天生就是用两侧大脑来思维的，左脑（“逻辑”）和右脑（“创造”）并用，而男性只喜欢用一侧大脑呢？这位受访者似乎认为女性的左右脑并用是个好办法：

我确实认为女性大脑的特点使我们能够马上理解关系的重要性，以及可能推荐我的那个人的潜在需求，这点男性们可能看不到。这是我的长处——建立人与人之间的联系。我在 BNI 分会每个月都有人给我介绍很多业务，这在一定程度上要归功于我有一个女性的大脑，而且它具有促进他人推荐业务的能力。

♂ 他说……

有目的地参加活动

这些数据很好地体现了一般情况下两性在事业和生活上存在的部分差异。男性说他们偏好有组织的或非正式的社交活动。女性其实真的是无所谓，她们两种都喜欢。

作为有目标的、看重结果的商业人士，我们男性对有组织的社交活动（如BNI）或非正式的社交活动（如商会活动）都喜欢，但我们需要在去之前就知道是哪种类型的聚会，这样我们就可以有备而来。我们希望能够把主攻策略或计划，以及参会能产生何种效果都放在一起通盘考虑。如果我们提前有所了解，就能使出浑身解数去射门、捕捉猎物，或总的来说，给家人带点东西回去。我对我们男性的灵活性和适应能力还是非常自信的，对有组织的和非正式的活动都可以接受。我认为这足以说明我们可以应对任何情况。

这一结果也符合男性作为养家人所承担的责任。两种类型的社交活动对我们都有价值；只是要以不同的方式来应对。男性对各种不同的情况会使用各种不同的策略，针对这两种类型的活动我们会采取两种截然不同的策略，目的是产生同样的效果。

有组织的活动形式很受欢迎，因为它是可以预测的。因为我知道会发生什么事，这样我可以制定一套方案，让我关注最终的结果。组织性意味着目的性。知道了活动的具体安排，我就可以在执行过程中衡量、分析、调整和改变我的实施方案。因为我们男性往往更注重交易，成功与否要靠最终做成了多少生意来衡量，我们喜欢有组织的活动，因为我们向来喜欢做计划，然后按着计划行事。

非正式的活动也很有价值，因为它们把好多事情留给自己来安排。比如，参加某商会的社交活动，有时我会将时间用在我熟识的人身上，和他们建立更深的交往，但有些时候我可能主动出击，结识新人，发展新的关系。或者，我可以什么都不做，只是随便转转，看看有什么机会。无论我以何种新颖的方式来满足现在的需求，这都是个出头露脸、为人所知、被人所见的机会。

这就是说只要男性们已准备好了应对策略，能够帮助他们实现最终目标，不管哪种类型的社交活动他们都会应对自如。男性希望参加有目的的活动，不要浪费时间。如果会议组织良好，男性们只要抽得开身，都会去参加，因为他们对取得结果有信心。

♀ 她说……

对过程的喜爱

《无论怎样》一书的作者丽莎·尼科尔斯做了一番很好的评论："我认为男性感兴趣的是结果，女性感兴趣的是过程和结果。"

如果你和男性一起开车出去过（甚至只是跑腿），那你就已经领教过什么叫做"驱使"了。甚至你还没上车，他就已经在地图上标好了到目的地的最佳路线，数好了中途要停下来加几次油，计算好了到达的时间，精确到每一分。然后他把太太（或女朋友）拉上车就出发了。这个典型的情景真正地体现出女性喜欢的是过程，男性中意的则是到达目的地的成就感。

"亲爱的，我们必须要走省道吗？如果我们走省道，就会错过好多美丽的乡村景色。我们走走乡间小路吧。哦，你看！有一个漂亮的小店。我们停下来买点纪念品吧。哦，看那个美丽的公园。我们停下来野炊吧。"

你还会发现这种对过程的喜爱也体现在女性社交和经营企业的方式上。我们想放慢脚步，一边建立关系，一边享受整个过程。男性和女性都在同一条道上，最终通往同一个目的地，但是女性往往会停下来闻闻玫瑰花香，这或许是我们为什么活得更长的一个原因。

社交的类型

女性很小的时候就学会了灵活应对，这正好符合她们对有组织的和非正式的活动都可以接受，没有更偏好哪一种的态度。因为我们承担着很多种责任，出于这种需要，我们已经具备了快速做出改变的能力。也许我们已经计划好了一天的行程，非常完美，但是突然间发现自己处于一团乱麻，要兼顾各方。女性是适应性很强、随机应变、机动灵活的合作者，身兼数职的多面手。对我们来说，什么类型的社交活动真的很重要吗？只要我们能够想出办法，让它适应我们已经忙碌不堪的生活，我们就乐意参加，因为我们知道我们有实力从中创造出一些好的东西。

男性会果断选择其中的一种，而非另一种，甚至如果两种都合适，他们就真的两种都选，对此我们不应该感到奇怪。他们宁愿两种都选，嘴上也不会说哪种都可以。男性是不是认为灵活就代表软弱呢？当机立断的反义词是优柔寡断。如果问他对任何一件事的看法，他的回答几乎都是非此即彼。

因为女性更为灵活多变，当你让我们选择参加哪种社交活动时，我们对两者都驾轻就熟。我和客户强调积极参加各类社交活动很重要，是适应多种变化的一种方式。如果我只参加有组织的社交活动，从来不参加任何其他形式的社交活动，那么我的收获就会很少。我也警告我所有的客户要仔细考虑你参加了多少组织，因为投入的时间和注意力太过分散，最终得到的回报就会减少。

当我刚开始学习社交时，每一个能参加的组织我都参加。我加入了 BNI 的分会、6 个不同的商会、我所在地区的扶轮社、一个私人俱乐部，还去参加镇上举办的每一次贸易会，希望能够建立更广泛的联系。没过多久，我就得了一个“社交女王”的雅号，但我真正从这些交往中学到的却是我再也不会从任何一个活动中见到成效。我的社交只有广度没有深度。

不管你是热衷于参加有组织的还是非正式的活动，这真的没关系。重要的是在你参加的每一个组织里你是如何深入发展关系的。你仅仅是露个面而已吗？在任何一个活动中你有没有起到主导作用？除了钱你还投入了什么？有效的社交是需要时间的。问问自己你有多少时间可以投入，你希望投入到哪些方面。

女性会把以女性为主的社交圈子，比如全国女企业家协会、电子商务女性、美国商业妇女协会和其他组织列为她们最喜欢去的社交场合。为什么女性喜欢加入纯女性的社交圈，是有几方面的原因的。

- 她们想通过社交获得更多的生意；更确切地说，她们想获得支持，与其他的女商人分享经验。
- 那些家庭主妇们希望能与其他女性交往和联系。
- 许多女性被男性吓怕了。
- 女性要找女导师和女顾问，她们觉得和女导师在一起比和男导师在一起更自在。
- 许多女性觉得应该是这样，男性不相信她们是正经做生意的。
- 女性希望和其他女性建立人际关系。
- 女性希望能够解决一大堆有男性在场她们不方便解决的问题。

这只是女性寻找纯女性社交圈的几个原因，正如我们的调查对象所言：

> 入行之初，我加入了一个高级女白领俱乐部。入会期间，我被解雇，失去了一份很好的工作。我垂头丧气地去参加俱乐部的下一次会议，我像往常大家互相做介绍那样，站起来做自我介绍，我告诉她们那天发生的事。等会议结束时，那些人已经为我预约了三份新的工作！太棒了。

> 女性喜欢和其他女性交往，并在交往中获得自信；对于男女共同参加的商业社交活动，有些女性（特别是年轻女性）还是对男性有所畏惧。有的男士还是会问为什么我们可以有女性的圈子，他们不能有男性的圈子。他们忘了“老男孩”之类的圈子已经办了好长时间了。

> 我是职业女性理事会的董事会成员，这是商会的一个分支，每两周约有 90 名女性参加会议和社交活动。那间房子里的能量有多大，自不必说！热心致力于理事会、定期参加活动的女性对所有会员都表现出如此的关爱和热情。使得做生意容易多了！

我的女企业家社交网络感觉像一个真正相互支持的网络。

虽然许多女性喜欢与纯女性圈子里的人交往，也有许多人不喜欢这样。下面是她们的一些看法：

我发现只有女性参加的社交活动没啥意思，不是我所想的真正意义上的“社交”。如果你不能和异性沟通的话，也许你就要重新考虑一下你适不适合做生意了。

作为一名女性，我喜欢参加至少有50%的女性参加的社交活动。

有人喜欢白雪和高山，有人喜欢阳光下的沙滩。也有人两者都喜欢。这只是个人喜好罢了。无所谓对错，只要人们明白他们加入这些圈子的期望所在。如果加入的目的是为了获得支持，那么在入会的时候你就要明白这一点。

最好的推荐来自你与之建立了关系的人。对于女性而言，注重关系是天生的。只不过要记住如果你希望得到推荐，你就必须和社交圈里的人实话实说。

哇，这好像有点让人犯糊涂！男性们似乎忘记了他们很早就有纯男性的社交圈了。国际扶轮社自1905年成立以来一直是一个全部由男性组成的机构，直到20世纪80年代才投票允许女性加入其颇有声望的社交圈子。不像今天只有女性参加的圈子，也欢迎男士加入，虽然很少有人加入但却欢迎大家加入。看看受访者对于女性社交圈的一些评论：

有些女性圈子总体上排斥男性，我完全不赞成这种做法。我认为和男女双方交流互动从来都很愉快。

当某位女士告诉我她属于“唯有女性”的社交圈时，我觉得简直是一种侮辱。它排除了50%的劳动人口。

自从我开始社交以来，曾接触过很多女性社团组织。我发现把男性排除在外有时很无礼。如果男性这样做了，女性就会大吵大闹。我认为男性和女性应该合作共事、共同成功。我们不再生活在20

世纪的 50 年代。我们要活在当下。

> 我觉得唯有女性参加的社交圈子太多了。我敢肯定如果是只有男性参加的社团，女性定会反对。我更喜欢圈子里有男有女。

男士们，如果你们真想加入的话，我们向来欢迎。加入我们，你们会受益多多。

有位名叫爱德华的珠宝商，发生在他身上的事就是一个很好的例子，说明好处是怎么来的。他很爱做笔记，把光顾他珠宝店的女士们的个人喜好和特别的日子都记下来。他决定加入一个女性的社交圈子，在他的店里接待各位女士，作为这个组织的工作人员提供服务，投入时间和金钱。想想看，谁会来买珠宝？你是说女性吗？错了。很多时候是男性买礼物送给女性，比如结婚戒指、周年纪念日礼物等等。爱德华就给他所交往的这些女性身边的男性写纸条、打电话、发邮件（告诉这些男性他们的女士喜欢什么）。他不仅和女士们交往得很成功，而且很享受这一过程。

下面又是一个参加女性社交圈对男性社交者有帮助的例子：

> 我参加了一个以女性为主的商业团体，她们有大约 100 名成员，我是仅有的 4 名男性中的一个。我发现因为我是极少数男性中的一个，我发言时，其他人会特别注意听。但只是在我的发言和表述非常简短时她们才这样。如果我开始主导整个谈话，她们的语气和态度很快就会转变。

加入女性商业社团是很有用的，但只要你愿意处于从属地位，心甘情愿让女性来控制局面，正如以下所述：

> 我喜欢作为唯一的男士参加女性的社交活动，比如电子商务女性举办的那些活动。她们往往很愿意接受我，很好奇我为什么会出现在那里，赞赏我的勇气。比起男性来，女性往往会成为更好的客户。

与女性交往的男性要记住，对女性来讲，关系最重要。当你走进一个全部都是女性的群体，你必须记着你是在她们的世界里。一刻都不要想我们会看不出这个男性就是想卖东西给我们。看看这些笨蛋们犯的大错：

> 我曾经是一个女性商业圈子的成员。一个男保险商也来参加活动。他向我们所有的人保证，而且不止一次，他最好的客户是女性，因为他非常了解女性。他重复第一次时我们就不相信，等说到第六、七次，我们就不再听了。在别人眼里你只是少数，却当自己是个专家，这不是一种有效的社交方式。

> 我曾经是一个女性商业组织的会员。有 50 多位女性每月定期来交流，发展人际关系。有一次，一位男士想加入这个组织，向所有的女会员推销医疗保险。只有极少数人买了他的保险，他很快就离开了这个圈子。她们觉得他来这儿的目的只是为了推销保险，这个圈子推销完就转到下一个圈子。他不是主动加入，投入时间真正成为其中的一分子，去回馈圈子里的成员或建立很快会转变为长期业务资源的关系。要不然，他真的早就可以通过这群女性开拓自己的业务了。相反他目光短浅，只想着加入一个女性商业团体能给他带来多少好处。

男士们，要坦诚面对你想加入的圈子。不要加入了却不准备付出。

不管你所处的圈子是清一色的男性还是女性，抑或男女兼而有之，如果你不学会恰当的技巧，加入哪个圈子都不管用。不管我们选择加入的是何种组织，只要找对了方法，而不是走捷径，我们的社交都可以成功。

调查说……

介绍业务时考虑的重要品质

对女性而言，给人介绍业务时最看重的是这个人的能力，而对男性来讲，看重的是这个人的品质（见图 5-2）。虽然女性比男性更看重一个人的能力，但男性更在乎这个人是否成功。男性觉得一个人的能力是通过他所取得的成就来衡量的，本质上，男性和女性说的是一回事儿，除此而外，男性和女性是如何区分这两个密切相关的要素的，还没有搞清楚。

虽然这只是一个次要的因素（不到 20%），女性比男性更倾向于在推荐之前先体验一下这个人的产品或服务。

> 你不能以貌取人，但是你可以通过握手来判断其是否具有坚毅的性格和业务发展的潜能。
>
> 当我刚开始经商的时候，我记得一直有人建议我第一次与人见面时握手要有力，一定要让对方知道我做生意是认真的。商业人士曾不止一次地告诉我，我的握手强而有力，说明我是认真的——不像他们所见到的大多数女性。
>
> 也许，当你回味那番话时，它可能还有更深层的意思。
>
> 有力的握手表明你是个严肃认真的人，目的明确，我们来做生

给人推荐业务时，以下哪一项对你最重要？			
	你的性别？		
	女性	**男性**	**总应答率**
了解一个人的性格	38.8% (2,154)	**42.8% (2,371)**	**40.8% (4,525)**
了解一个人的能力水平	**39.6% (2,201)**	40.8% (2,264)	40.2% (4,465)
了解一个人的成功	2.2% (124)	3.5% (192)	2.8% (316)
我自己用过他们的产品或服务	19.4% (1,077)	13.0% (718)	16.2% (1,795)
回答问题	5,555	5,544	**11,099**
跳过问题			1,323

图 5–2　介绍业务时考虑的重要品质

意吧——我得说大多数时候，还真是这么回事儿。

> 握手软弱无力的人给我的第一印象就不那么好。

> 以我个人的经验，毋庸置疑，和我有稳固商业联系的人都是握手有力的人。也许是下意识的缘故。是有点怪怪的，但确实如此。

当然，在众多的品质中，要评价一个人的性格、能力和成功，往往会很主观。对于某些人，就像前面所说的被访者，一个简单的握手就反映出他们所想要知道的一切。

在社交场合，这种评估是确保信誉度的一种方法——也是介绍人甲在把乙介绍给丙时维护自己声誉的做法。公平地讲，男性和女性都希望他们介绍的每一个人会给所有相关人员都带来好的结果。

具有讽刺意味的是，根据不同的看法，能力也有不同的定义。有些人是严格地按照生意或工作上的表现来评价能力的高低。而另一些人又觉得社交能力是衡量整体职业素养、或者甚至是个人能力的一个准确标准。在一个人看来是能力的，在另一个人看来可能是品质的。下面这段话就是关于这方面的一个很有趣的例证：

> 有些男性把调情误认为是社交。女性不需要异性为了和她们做生意而讨她们欢心。大多数女性都是根据性格优点和能力高低来判断一个人的。

♂ 他说……

什么因素最重要

这很有趣。我们问受访者，在决定是否推荐某个人时，什么因素是最重要的。他们的回答是以下四种：性格、能力、别人对其成功的评价、推荐之前对其产品的体验。除了先体验一下产品或服务这一项外，男性在其余三项上的得分都是最高的。嗯。

为什么会这样呢？我认为这是十足的老男孩俱乐部或生意场是男性

天下的思维方式造成的。有一条不成文的法则，就是我们男性之间是相互信任的，除非有理由让我们不信任彼此。我理所当然地认为你是专业的、诚实的。在我认识你的过程中，我对你的性格、能力和成就也有所了解。如果在能见度阶段，我对这三种品质感到满意，那我就不需要再去尝试你的产品或服务了。但是，如果我觉得你不是你所表现出来的那种人（性格不好），或者我认为你应该对自己的产品或服务了如指掌，你却好像知之甚少（能力），或者你不具备我所寻求的成功水平，那我无论如何都不会去体验你的产品或服务，因为买卖已经不存在了。

这又回到了前述观点，每一次社交都是一次试镜。男士们，别忘了商业上的判断具有累积效应。行为对关系的破坏可能是长期的，或者甚至是永久的。要记住我们每次与他人交流时都是在证明自己。

♀ 她说……
不只是生意

要想获得女性的推荐，最重要的是让她对一个人的能力水平有所了解。此外，与男性相比，更多的女性觉得她们有必要在推荐之前先体验一下产品或服务。

我的男性合著者中没有一个人理解为什么与男性相比，女性觉得在推荐之前先体验一下产品更有必要。我解释说长期以来，女性总是上当受骗，被推销员、修理工、商人等利用，主要是因为她们不知道以何种资质来选择服务人员。

以下是约翰·格雷博士在与米斯纳博士访谈时说的一席话：

> 她不会因为某个人说她应该支持什么她就支持什么。她对其表示支持是因为她有过自己的亲身体验。她希望亲自予以认可。她希望这种认可是发自内心的。在接受事物之前希望获得足够的证据，这是女性的天性。

对女性来讲，根据私人的推荐去选择一个汽车修理师会更容易些，和自己亲自尝试差不多。大多数女性不会像男性那样对汽车发动机的细节了解得很清楚，所以女性很容易在汽车修理店里茫然不知所措，听不懂行话、不辨真假。

女性擅长与人分享她们所了解的关于产品和服务的正面和负面信息，而且乐此不疲，以此来互相帮助。大多数公司都知道如果你想在女性那里获得好口碑，你就让她们体验一下你的产品和服务，如果她们喜欢你的产品和服务，她们会很乐意把你介绍给她们认识的每一个人。如果她们不满意你的产品和服务，她们也会广而告知。

格兰特·施耐德在他所著的《她即意味着生意》一书中，对于女性口碑的力量如是说：

> 销售员、经理人、广告商，甚至未来的恋人，你们要当心啊！世界上所有的知识和经验都弥补不了在别人看来你对女性客户的怠慢。你也许能骗一个女性一次，但是你不会再有机会骗她第二次。可是，如果你赢得了她的信任，你将会拥有一个终生的顾客、客户、雇员或伴侣。

在社交网络、网上推荐和客户评论网站的时代还没有到来之前，某位女士要找个医生或牙医看病，她就看她的朋友和熟人找了哪位医生，她们对他评价如何。

到现在为止也没多大变化。女性们还是会和其他女性讲述她们对于产品和服务的体验。女性非常看重他人的推荐，以至于她们甚至会把二手的信息传递出去，把发生在某个朋友身上的丰富的体验一路传下去，就像这位：

> 我对房子进行了一番大规模的整修，过后我必须得找个人来家里好好打扫一下。我就开始向朋友打听，她们知不知道哪里有这种服务，可以用环保产品把房子好好清洁一下。几个朋友就告诉我她们从朋友和家人处得来的二手消息，而不是她们真正的亲身体验。

此处所传达的信息是，手头掌握着人们百分之百支持的真正好的推荐资源，比你自己的推荐更重要。如果我个人没有什么经验供你参考，可至少我还想让朋友享受优质的服务，所以不管是推荐什么，最强有力者创造传奇，我们就传下去。

不利的处境也会出现在朋友和熟人的圈子里。他们相互信任，凭着这种信任，经常要求别人帮忙推荐，但是如果我不能确定他们有这种能力，那我可能就不会推荐他们，不管是不是朋友。如果我真的决定推荐他们，我会加一句警告我本人没和他们打过交道，推荐的分量就差点。

在决定是否推荐时，男性最看重的品质是一个人的性格。我不赞同这点，因为我认识很多性格很好的人，我也很喜欢他们，但我绝不会推荐他们因为他们不能胜任其职。性格和能力是完全不同的两码事儿，具备一种不能说明就具备了另一种。女性最不愿意做的事就是推荐那些干不好事儿的人。那也会反映出她的水平。因为我们女性在做生意的同时也在享受其中的快乐，当然会把所有的关系都当成很好的私人关系。男性们只会说："哦，这只不过是生意罢了"，因为他们是把关系分开来看的，但女性会把推荐的失败当作是个人的失败。

对于大多数女性，这绝不"只是生意而已"，男性如果认为可以这样对待女性或者把推荐的失败一笔勾销，只当做生意而已，那么他会破坏整个关系。正如书中前面所述，女性在做生意之前先谈及彼此，建立关系。而男性却一次又一次地说，"喂，这只不过是生意罢了。"

我推荐某人，结果推荐错了，我会觉得自己有责任。不会有第二次机会给你弥补，我要费点心思，确保我推荐的那个人能把事情做好。它关系到私人关系而不"仅仅是生意"。

调查说……

对社交的适应程度

经营社交机构这么多年，我听说过人们的一些看法，他们说男性是更天生的社交家，因为他们的个人经历使然，或者说女性在这方面更自然，因为她们是更好的沟通者。在种种关于男性或女性为什么更适应社交的观点中，这只是少数的几种看法。根据调查结果，真实的情况似乎是男性和女性对社交的适应程度几乎相等。当我们把“有点适应”、“非常适应”和“热衷于社交”进行综合评分时，男女之间的得分几近相等，分别为 94.1% 和 94.4%。

以下受访者的感言可能是最好的诠释：

> 在我的商业生涯中，绝大部分是依靠我的社交能力，和男女交往都很自如。让别人不感到拘束、保持沟通渠道的畅通、及时跟进有关事宜，给我带来了最佳的推荐业务合作伙伴。能够在建立的关系中，有所给予、有所收获是世间最美好的事情。女性有时觉得和男性打交道更难一些，但重要的是你要记住交往的双方只是想把事情办好，获得认可。

> 我发现男性们和我交往起来很轻松。我所见过的男士和女士，在商业上和男女交往都很愉快。

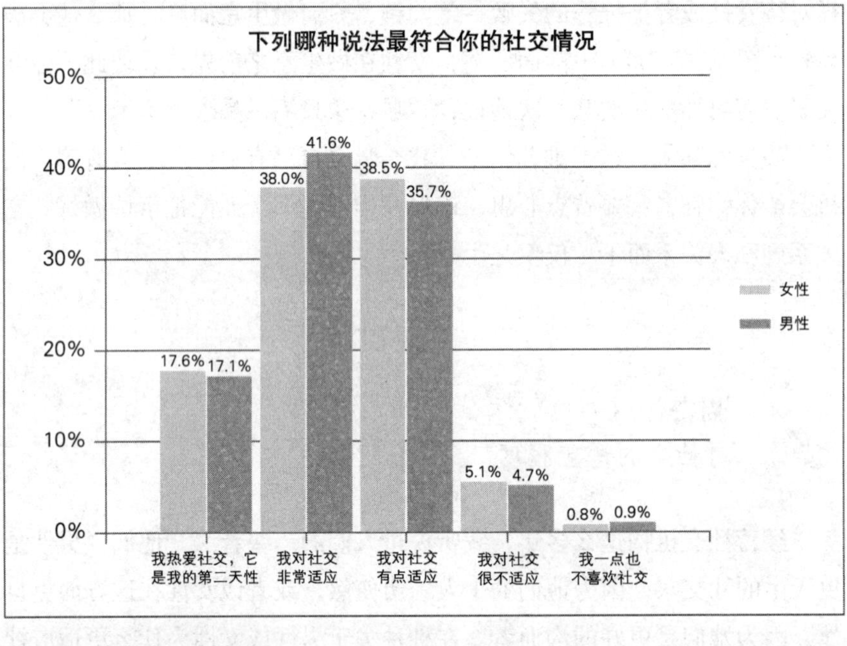

图 5–3 对社交的适应程度

我其实觉得和异性交往还更自在。我觉得女性和女性在一起共事，更多的是竞争。

或许是因为我特别自信，我发现男性们和我交往很轻松，特别是我通过国际商业社交组织认识的男士和女士，他们和商业场上的男女交往都感到十分愉悦，这是肯定的。

一般情况下，我觉得和女性交往比和男性交往更轻松。我发现我和女性沟通起来比和男性沟通起来更畅快、交流得更好。

极少数人说他们对社交感到不适应或者根本不喜欢社交。但是，虽然人数不多，可他们的声音却不小。男性和女性都谈起过他们不愉快的社交经历，正如下文所述：

我这块头给人的印象常常是有点吓人，特别是对于女性。我年轻，其貌不扬，像足球运动员一样体格健壮。如果我接触的女性好像很腼腆、很怕我，这种情况下，我就会另找其他熟悉我的人（最好是女性）。我让她先开口。谈话一旦开始，通常用不了多久，对方就会觉得和我在一起很轻松。

当我最初开始做生意的时候，我加入了当地的商会。那时我年轻，又是个女性，而且单身又很单纯，我经常发现自己和男性们在一起很尴尬。本来是邀请你一起去吃饭，以便更多地了解彼此的业务，但常常不仅是参加社交活动，言下之意还有“约会”的意思。真的是很侮辱人，很令人沮丧。我开始有意避开和男性们参加商业会议，因为我从来不知道他们邀请你参会的用意何在。之后不久，我加入了国际商业社交，与那里的男士和女士们建立起稳固的工作关系。它给了我知识和信心，让我能够临危不乱，更好地控制这种商业会议的场面，再也不用担心会议目的问题。

我发现一对一地面对异性更不自在。在公共场合，和一些可能不知道这是在正儿八经谈生意的人见面是我最担心的，我极力想通过让其他人也加入其中来解决这个问题。让三或四个人来缓解这一问题。虽然我获取信息的时间会受到影响，但总比名誉受损要好。

下列哪种说法最符合你的社交情况?			
	你的性别?		
	女性	**男性**	**总应答率**
我热爱社交，它是我的第二天性	17.6% (983)	17.1% (952)	17.3% (1,935)
我对社交非常适应	38.0% (2,122)	**41.6%** **(2,318)**	**39.8%** **(4,440)**
我对社交有点适应	**38.5%** **(2,149)**	35.7% (1,990)	37.1% (4,139)
我对社交很不适应	5.1% (285)	4.7% (262)	4.9% (547)
我一点也不喜欢社交	0.8% (46)	0.9% (48)	0.8% (94)
回答问题	5,584	5,569	**11,153**
跳过问题			1,269

图 5-4 对社交的态度

> 最近我开始研究自己对于社交的下意识行为。我丈夫对于我和男性交往深感不安，于是，随着我认识的男性客户和给我介绍业务的人越来越多，我发现自己不知不觉地在增加体重，使自个儿不再那么对男性有吸引力。一方面，这让我的丈夫更加放心，但另一方面，我却失去了性感的曲线。

与异性交往的不适

我们想知道受访者在和异性交往时感觉有多轻松。我们认为有可能男女在这个问题上会有所差异。有趣的是，根本不存在很大的差异。

在对数据进行评估、与合著者进行讨论的过程中，我们开始琢磨，说到和异性的交往，一个人对他人的印象是否和他们留给外人的印象有所不同。为此，我们做了一个小范围的二次调查，我问大家在他们看来，

不同看法的比例：我不适应社交。

	女性	**男性**
从未有过或几乎没有	87.4% (4,843)	88.8% (4,898)
有时会	7.4% (410)	5.2% (288)
总是或多数情况下是	5.2% (287)	5.9% (327)
总数	**5,540**	**5,513**

图 5–5　社交适应性

其他人对与异性交往的感受如何，我的天，结果是大不相同。

尽管参与二次调查的人要少很多，结果却大不相同。不是一般的差别。比较一下这两组数据（图 5–5 和图 5–6），我们发现，人们认为“他人”在与异性交往时，总会或多数情况下会感到不适的可能性是他们自我感觉的四倍。每个人都觉得自己很适应，但不认为别人也这样。

这清楚地表明我们对于自己在社交活动中所扮演的角色的个人感觉，或者说我们给人的印象，与我们实际展现的形象和行为是不相符的。我们看自己的角度和别人看我们的角度是不同的！

不同看法的比例：你认为一般人和异性交往会感到不适应吗？

	女性	**男性**
从未有过或几乎没有	47.8% (2,648)	47.7% (2,630)
有时会	31.5% (1,745)	32.2% (1,775)
总是或多数情况下是	20.7% (1,147)	20.2% (1,108)
总数	**5,540**	**5,513**

图 5–6　不同性别对他人社交适应性的看法

我们也许在努力打造和树立一种似乎能够反映我们个性和道德准则的公众形象，而且认为别人也理所当然会从同一个角度来看我们。我们或许认为，在社交场合人们对我们的认识是基于我们的社交技巧、我们给人的实际印象以及大家对我们的普遍看法。但是别人看我们的方式和我们自己想要展示的形象和传递的信息是不同的。

总而言之，我们调查的大部分人都认为自己比其他任何人都更适应社交，这恰恰说明了在社交场合异性对我们的看法和我们对自己的看法是不同的。

♂ 他说……

两种观点的脱节

根据调查数据，我们相信超过 32% 的人和异性交往时会感到不自在。为什么在调查中每个人都认为自己比其他任何人都更适应社交呢？我们对自己的看法，以及我们对他人社交不适应的看法无论从数字上还是观点上都对不上。

我对这种相互脱节的解释是男性并不像他们自己所认为的那样擅长与异性交往。我们中好多人认为自己舞步娴熟，但实际上我们踩着了很多女性的脚。当我们看到其他男性出洋相时，我们在想，“我很高兴我没有像他那样，我比他们在社交场合的表现好多了。”

男士们已经过于适应了。我们已经社交很久了，我们认为自己经验老到，没什么需要改进的。我们大错特错了，我们属于 30% 的不适应社交的人。这是旁观者眼中的印象。如果我们继续用交易的方式来对待社交，只注重达成交易，我们就无法建立关系。长远来看，这意味着我们总是不得不去捕杀猎物来充饥。伙计们，那活儿可是够重的。我们还是学着像女性一样聪明点吧，种点粮食以备下一餐吃！

男性们可能认为他们的社交很成功，因为做成了生意，但是过后可能会惹得一大堆人不高兴，因为他们好像不把人放心上。女性天生就很会关心人，建立真正的关系，但我们男性就不是这样。我们要在这方面多努力。我们外出时，总是带着要带点东西回家的目的。这对集中注意力来说是个好办法，但是长远来看，我们这种短浅的目光会伤害自己。很明显别人并不认为我们很适应社交。记住，他们的看法，对也好错也罢，就是他们所认为的事实。

要以批判的眼光审慎地看待我们的自信和自在。仅仅因为你觉得自在并不意味着别人和你交往也觉得轻松。别人怎么想很重要吗？社交的游戏规则，就是要建立我们的信誉，别人怎么想非常重要。我再重复一遍，如果你之前没抓住机会，我对你的看法就是你的实际情况！

唯一可以改进的方法就是不断地自我评价、自我分析、自我批评。寻求反馈，从别人看我们的眼神中捕捉信息，看周围的人对我们的接纳程度如何。社交活动是寻求这一切的最佳场所。我们一定要让自己所感觉到的自在与他人和我们在一起时所感觉到的轻松相符。或许在你身上，它们已经相符了，那么再说一次——或许它们并不相符。

♀ 她说……

明白别人对自己的看法

调查时，94% 的男性和女性都说自己很适应社交，但以我和他们打交道的经验来看，完全是另一回事儿。参加社交活动、和大家伙儿见面，使我能够帮助圈子里的其他人。我问大家问题，并且听他们给我讲述他们的困难和需求，这样我可以为他们指明正确的方向，把他们介绍给我圈子里合适的人。

当我把自己的需求放在一边，走进这间屋子，一心想着要帮助他人时，突然间社交会变得轻松许多。当我能够为圈子里的人介绍一些业务时，我觉得非常成功。社会交往远远超过了社交活动本身。在社交活动结束后你必须也能够和人们一对一地轻松交谈。

大多数女性天生就会培养感情。当这种培养感情的方式被应用于社交活动时，它会让人感到轻松，如果我们太急于求成，总是叫别人买、买、买你的东西，这种轻松感就没有了。当我计划去参加某个活动时，我会事先在一张3寸宽5寸长的卡片上写上我要达到的目标。也可以列出一些想法，诸如为圈子里的某个人建立可能的联系，给业务伙伴介绍一单生意，或者是会见一个我想进一步了解并且想让他加入我的社交圈的人。

如果每次参加活动我都能达到这些目标，我不仅感到轻松惬意，而且感觉很成功。类似这样的方法用得越多，在社交场合的实践越多，就会更加适应。随之而来的成功是自然而然的奖赏。如果你不去实践，你就不会适应。今天就走出办公室，去认识一些新人吧。

不同性别的社交不适

“社交”一词给人一种很商业化的感觉，常常和推销混为一谈。当我问女士们她们对社交活动是否感觉很适应，她们通常会如此回答：“我可以参加，但这真不是我喜欢做的事情。颇有推销之嫌！”我认为最大的问题真的是对“社交”一词的理解。大多数人把社交想成是去某个地方、和一屋子其他人混在一起、握握手、在电梯里向他人游说、发发名片。

这些是社交的一部分，但社交还包括很多其他的内容。在咖啡店里和人见面，彼此多了解一下是社交。为了互相扶持，和有组织的商业小团体会面也是社交。在董事会任职、自愿加入某个组织，这都是社交，在杂货店排队买东西和人闲聊或在家长会上与人交谈都是社交。

对于那些对社交感到不适应或讨厌社交的人来讲，再看看社交实际上是怎么定义的会很有帮助。总的来说，女性会很自然地与人交往，只有当你非要她谈生意时她们才会觉得不自在。

若想适应社交，就要求我们对社交活动多些了解、多去实践，改变我们对社交的成见。如果我们把“施者受益”的方法应用到社交中去，我们就会觉得很轻松。我们总是觉得帮助别人比帮助自己更惬意。女性天生就喜欢帮助别人。

你如何看待他人？

第一次看到调查数据的结果时，我感到很困惑。我无法相信有这么多人说他们从来没有或几乎没有对社交感到过不适应，但当我们问到他们是否认为一般人和异性交往时会感到不自在，突然间整个事情都反了过来。我们发现，他们认为除了他们以外的其他任何人都会感到不自在。

我们对自己的看法和我们对他人的看法完全不同。人性如此。我们通常认为自己与众不同，不管我们其实是多么相似。我们把自己看成是和男女交往都很轻松的那种人。但我们根本不相信周围的人和异性交往会很轻松。这是为什么呢？是我们在欺骗自己吗？究其原因是你认为自己与人交往完全不在话下，但不认为他人和异性交往也会那么轻松自在。

问题在这儿：如果我们不想要任何结果的话，我们认为自己有多么轻松自在真的很重要吗？感觉自在只是说我可以去参加活动、认识些人，并不代表我知道如何从那些关系中找到生意做。作为女性，我对建立关系感觉非常轻松。我不知道这些关系是否总是符合我的目标，或者说我是不是在恰当的时间和恰当的人进行恰当的谈话，但我对建立关系很适应。

如果我认为自己很适应，但别人根本不这么看，那么传递出的是一种什么信息呢？它对于我建立自己的社交圈会产生什么样的影响呢？如果我们想要产生结果，我们就必须相互联系。如果别人认为我不适应社交，那么，我也许做错了什么事，或者发出错误的信号。我要明白别人对我的看法，这很重要。我们大家都是朋友，女士们，所以问问身边的几个好友，她们是否认为你很适应社交。如果回答是否定的，那么这时候你也许就该找个导师或培训来帮帮你了。

第 6 章

男性和女性的社交惯性从何而来?

调查说……

普遍认为的优势

图 6-1 显示，与男性相比，更多的女性认为她们在与他人联系、培养良好人际关系的技巧方面有优势。在结识新人方面，女性认为自己处于优势地位，尽管只是略优于男性。男性的回答则反映出他们认为自己的优势在于完成整个社交的过程，将社会交往转化成业务往来，最终转变为商机。

这些回应表明女性在社交过程中往往更注重和更擅长拓展人际关系，而不是商业机会。调查结果也反映出男性往往会更迅速地从交往联系转入生意往来，注重落实跟进。

你觉得你在社交方面的最大优势是什么?						
	与他人联系	培养良好的人际关系	落实跟进	结识新人	把关系转变为商机	总应答率
女性	53.8% (1,604)	51.6% (2,035)	46.5% (701)	50.3% (1,107)	39.8% (565)	49.9% (6,012)
男性	46.2% (1,376)	48.4% (1,908)	53.5% (805)	49.7% (1,094)	60.2% (855)	50.1% (6,038)
回答问题	2,980	3,943	1,506	2,201	1,420	12,050
跳过问题						0

图 6–1 所认为的社交方面的最大优势

♂ 他说……

最大的优势

有趣的是，男性和女性都认为自己在社交方面最大的优势是发展人际关系。这是不是说正因为男性和女性都同样看重关系，所以他们对社交关系的看法也相同呢？再想想看！

虽然我们都认为关系重要，但是我们对社交关系的定义是不同的。注意男性和女性对发展商业关系有着不同的动机，这一点对理解双方都很重要。

一直以来，男性都是狩猎者和养家人，他们向来是以目标为导向，寻求解决问题的最终手段。长期以来，生存的技巧，以及追求快速、简便、有效率和有效途径的冲动已经保留下来。有一个最能体现男性是如何完成整个社交过程的最恰当的比喻，那就是购买商品或服务的过程。一开始是有问题要解决，最终我们希望用购买的行动来达到影响其情绪的目的使问题得以解决。

她评论……

只要见过男性逛家得宝的人，都见识过这一理论是如何实施的。弄点爆米花拉把椅子过来等着瞧吧，女士们！

他回应……

同样的情绪冲动——建立一定的身份地位——驱使我们去购买和社交。我们男性总是要在族中占据高位。达到这一目的的最有效途径就是建立和培养人际关系。建立和维持人际关系是我在事业和个人生活中为自己赢得一席之地的最强有力的手段。

每个成功的商业人士身后都有一个支持、资助、或协助他 / 她攀登到顶峰的团队和社会结构。因为我深知这些团队对于我的成功有多么重要，所以我总是充分利用我所拥有的“手段”来提升我作为男性的社会地位。

我可以通过几种方式来建立关系，这对我的成功大有帮忙。

策略分类

- 简单、高效的策略。我总是在评估建立初级、中级和最高层次的关系以提升我的地位的最有效办法。我会尽可能快速地、不费多少力地实施这一策略。
- 关系的发展。如果我把目前的关系推向更深的层次，会更加有助于我的成功。
- 不确定的关系。这种惊喜指的是那些偶然建立的、久而久之相互信任的、稳固的、可以助我一臂之力的关系。

一旦这些策略被认定为是在族中确立主导地位的有效手段，我们男性就会做好行动计划，出门去打猎。

如果我没有不断地调整打猎的方法，采取我所想到的最有效策略，我就永远都在四处徘徊，只是在寻找猎物。我也会设定标准，确定最先要打的猎物，这样我就不用把精力浪费在那些对我无益的事情上。

捕猎标准

· 我的猎物一定是策略分类中的某种关系。

· 他们一定要愿意帮我实现目标。

· 他们可以为我提供提升地位所需要的人脉关系。

· 他们可以为我提供解决当前问题所需要的手段或方法。

经过这番逻辑分析后，我就朝密林进发去打猎。我的本能使我专注于一个目标，那就是带猎物回家。我朝着我知道的猎物聚集的地方走去，我看见大群猎物聚集在一起，伪装迷惑其敌人——那些对我最有价值的目标。

她评论……

喂，泰山！你出去时别忘了带回一加仑椰子奶。

他接着说……

我凭着猎人的敏锐搜寻着猎物，识破种种伪装，丢掉没用的东西。我要分清楚，挑出那些有用的、重要的东西，给我的家人带回最好的野味，然后我会瞄准目标，用尽全力，捕捉我想要的东西。我不会为了要寻找藏在别处的宝石而停下脚步或打消念头。我是猎人，养家糊口的人，是我们部落里最强悍的人。

哇。我们绝对是另类怪人。信不信由你，我刚才所说的关于男性的思维方式基本上都是真的，虽然是用幽默的比喻。我们男性在社交时真是这样想的。

这对于你们女性来讲意味着什么呢?

它意味着如果你想和男性建立有效的人际关系，你必须记住他是打哪儿来的，作为他那一方领地的养家人、保护者和狩猎者，他的目标是什么。和男性的交谈要以交易的方式开始，话题紧紧围绕生意。这样才能建立联系，你与他之间才能从打猎模式过渡到关系模式。记着他寻求的目标是有价值的关系。一旦他看到了你的价值，你的目标就容易实现了。

这对于我们男性来讲意味着什么呢？

它意味着我们都是白痴！人们不单只是我们要获取的交易品或海盗的战利品。记着当你一心想着能从别人身上得到点什么，社交过程总是被这种想法所左右，你以这种方式谈成的每一笔交易都将让你付出五倍的代价。

当你和女性交往时，你必须首先重视人际关系。避开交易不谈，只关注培养商业友谊。如果你不这样做，你就会失去买卖，失去有利的推荐和介绍，这些会真正影响到你的最终结果。

如果你想与男性和女性建立有效的人际关系，双方必须是互惠互利的。人类的进化史告诉我们结伴打猎、捕食、共享战利品的群体会获得更多的好处，因为集体的力量比个人的力量更强大。有时候，你出去打猎会一无所获，有时会满载而归。如果我们共同分享，我们就都能获益。

她评论……

这么说我现在可以用遥控器了？

♀ 她说……

出色的活动联络者

我们曾多次指出女性是关系型的，认为建立关系是首要的，商业往来是次要的。我们知道男性视商业往来为首要任务，毕竟，它叫做商业社交，所以我不能因此而责怪他们。

因为我们女性已经很擅长以一种社会交往的方式来建立联系，你可以看出为什么我们倾向于做些联络活动，比如认识新人、建立良好的人际关系、介绍彼此认识；这类事情也叫做媒。我们是天生的媒人，从有史以来就在做媒了。我想这种天性甚至已经存在于我们的DNA里了。我们在联络活动方面表现出色也就不足为奇了。

他评论……

如果我不是又被你安排去和你的什么表姐妹相亲，没准儿我还可以多活一天呢。

她继续说……

我所交往的每一个人都会听到我问同一个重要的问题："我对你的生活或事业能有什么帮助呢？"女性的回答通常是她们一时半会儿还想不起来，但想到了会告诉我。而男性则会说："帮我介绍点生意吧。"我发现两种回答都不乏幽默。

男性和女性都不知道该提什么要求，因为他们不知道我葫芦里卖的什么药，虽然有许多事情我可以帮他们的忙。如果某人提出让我给他介绍潜在的客户，即使我从未体验过他的服务，那他未免太冒失了，因为我跟他没有什么真正的关系，有可能这是我们第一次见面。我欣赏他的勇气，但是我只会推荐那些熟人，他们在一段时间的交往过程中，通过建立稳固的关系和提供卓越的服务，在我心目中占有了一席之地，成为我"可以信任的推荐对象和合作伙伴"。我推荐之人，我需要对他信任，这种了解是需要时间的，日久方可见人心。

为了建立稳固的关系，能够信心十足、主动出击，与他人联系，这是一种很好的沟通技巧，但实践已经证明人们总是偏爱能带来生意的关系，而不愿意在新认识的人身上费工夫。

女性的优势不仅在于建立关系，而且在于结识新人，用我们娴熟的做媒本事把大家联系在一起共同合作。自有史以来，女性一直是形成社会群体结构的核心，从原始人时代就开始了。在摩登时代的商业生活中，我们发现我们还在用同样的禀赋在业务关系中创造真正有意义的东西。如果我们能学着把一些男性具备的优点加入我们的工具箱中，我们就会所向披靡、不可战胜。

他说……

喂，你这么说我就爱听。

调查说……
不同性别的弱点

当男性和女性被问到他们认为自己在社交过程中哪方面最薄弱时，得出的结果和之前我们让他们评价自己的强项时是相同的。下面的图 6-2 表明男性认为他们在聊了几分钟后继续交谈，以及初次与人接触方面欠佳。女性觉得她们在把关系转变为商机、采取一种跟进的办法、知道如何巧妙地结束谈话方面较差。以下是我们的受访者对这个话题的反馈：

我对社交活动本身很厌烦，没什么让人感兴趣的事。人人都在谈，但啥事也没做成。

一般来讲，说到社交，我发现男性更“直接”。初次见面时，女性常常是除了生意，什么都聊——聊电影、聊餐馆、聊家庭——然后才谈生意。男性会较快地直奔主题，这样可能会让谈话更为简短，但不一定能培养那么多的信任或深厚的关系。我愿意为其提供商业信息的男性往往是很健谈、很友好的那种类型，因为我觉得我比较了解他们。

你觉得你在社交方面的最大弱点是什么？						
	初次与人接触	几分钟后继续交谈	知道如何巧妙地结束谈话	不能将关系转变为商机	采取一种跟进的办法	总应答率
女性	49.2% (1,344)	47.1% (429)	**50.4% (741)**	**50.5% (1,730)**	**50.4% (1,414)**	**49.9% (5,658)**
男性	**50.8% (1,385)**	**52.9% (482)**	49.6% (728)	49.5% (1,699)	49.6% (1,389)	**50.1% (5,683)**
回答问题	2,729	911	1,469	3,429	2,803	**11,341**
跳过问题						0

图 6–2　社交方面的弱点

我发现和异性交谈更容易。能够建立起一种私人关系，建立业务关系就比较容易了。初次和男性交谈，很容易就建立起业务关系。初次和女性交谈，她们希望你不要尽谈些生意上的事。首先她们想了解你是什么样的人，她们和你是否有共同之处。在和你正式做生意之前，她们对你有一个未说出口的认可过程。

♂ 他说……

将关系转变为商机

男女都认为通过社交把关系转变为商机的能力是个大问题。虽然我们一致认为，我们的相似之处是由不同原因造成的。女性在达成交易方面表现欠佳，因为她们对这方面不是特别有兴趣。男性认为自己在达成交易方面是弱项，那是因为他们在这方面对自己的期望过高。你明白其中的道理了吗？

调查结果表明男性自认为对社交很适应，但认识不到社交对其成功的大框架方面的重要性；相反，他们觉得自己缺乏把这些关系转变成商机的能力，这方面对其成就大小的影响超过了社交的影响。

我们知道男性天生就是交易型的，因此他们把社交看成是一种成败游戏。要么立刻赚到钱，要么就没有。如果投入的时间和精力没有明确的回报，这件事就不值得去做。

她笑道……

这次社交活动你们就来个一百八十度的转弯，男士们！想想一群女性正围着一个婴儿瞎忙活或者正在看照相簿。注意看身边的男士溜得多快。你见过男性们动作这么迅速吗？

他继续说……

你永远不知道。大多数男性对他们当中只有少数人能将关系转变为商业交易这一事实颇感沮丧，并不是因为这是他们真正的弱项，而是因为他们设定的目标不切实际。在这方面男性若想获得成就感，最好的办法就是不要把社交都想成是以交易为目的。这样我们就不会把失败看成是我们的弱项，因为这其实并不算失败。

男性们，记住关键的一句话：你永远不知道。你永远不知道谁会为你介绍下一笔生意，这笔生意什么时候来，或者你会遇见什么人，他们在你的生活中最终会扮演什么样的角色。你永远不知道你今天帮的一点小忙或做出的一个善意举动会在将来引起怎样的连锁反应。这是不可预见的。

如果你相信“你给予世界的全部，它将回赠与你”，因果之类的东西是说给轻信之人的，为了说明我这个非常重要的观点，我给你讲一个真实的故事。为方便起见，此处使用化名。

我们不要她吧，她不值那么多

我在纽约州斯卡斯代尔市帮忙筹建一个国际商业社交的新分会，两个月后，组委会的成员聚在一起讨论分会的发展以及我们要吸收什么样的会员。

一个理财师说，“保罗，我认为我们应该只吸收那些至少有 10 个雇员的企业老板。”

我说，“我们说的可不是这么回事儿。我们的理念是吸收不同专业背景、不同企业规模、不同经营年资、不同年龄的专业人士。基本上我们现有的 36 名会员所从事的行业都要有，但是规模更大一些。”

保罗强烈主张“让更优秀的会员加入”，我们现有的状况会得到改善。

“更优秀的会员？”我问道，小心地皱起眉头。

“是的，”他回答说，“就拿杰奎琳来说吧。”我感觉后脖上的寒毛倒竖起来。

“她不是老板，她算什么，21 岁的毛丫头？她对分会不会有多大贡献的。我们需要的是经商多年、赚大钱、拥有高资产净值的人，”保罗说完，颇为得意的样子。

“听起来你更关心的是对你有利而不是对整个社团有利。她是个很不错的人，是个非常好的会员，我们要留住她，”我坚定地说。

六个月后

作为会长，在一次交流会上，我指导会员把注意力转向推荐业务的环节，我说，“请站起来，说出你的名字，你要给谁介绍业务，为什么要给他介绍业务。”

杰奎琳站起身，开始讲她高中时有一个最好的朋友，父亲去世了，留下了好友苏珊和她的弟弟还有妈妈。“三个月前，苏珊的妈妈患癌症去世了，”杰奎琳继续说道，“现在苏珊继承了所有财产，她不知道该拿这笔钱做什么，问我认不认识什么有资质的人可以帮她打理一下。我很高兴能帮她介绍保罗，因为保罗人很不错，很聪明，又熟悉业务。我告诉苏珊保罗帮我做的一个储蓄计划。”杰奎琳又告诉保罗她不只是介绍苏珊给他认识，而且她继承的 250 多万美元的资产也需要管理。如何照顾好她和弟弟以后的生活，她需要一些建议。

会后 15 分钟

我注意到保罗和杰奎琳在交谈，他们谈完之后，我走过去，听到保罗正结束谈话，“好的，太好了。没问题。我会打电话给她，马上安排和她见面。别担心。我会关照她的，谢谢你介绍的业务。”

杰奎琳走了之后，我忍不住得意洋洋地说，“你说得没错，保罗，我们六个月前就应该不要她了！”

他羞愧地低下头，边摇头边说，“哦，天哪。我怎么这么蠢。”

我忍不住，进一步强调我的观点，“你应该明白，保罗。你永远不知道。你真是永远都不知道下一笔业务会从何而来。你在这个圈子里接到过其他任何人给你介绍的那么一大笔业务吗？”

“连关系好的人都没有，”他回答说。

我问他是否接到过任何人介绍的 250 万美元的业务。

“没有，从来没有过，”他说。

“从来不要以你所想的你今天能从他们身上得到什么来评价一个人。关系是长期形成的，是为了长期的成功而建立的。你从来不知道谁会和谁联系在一起，你的信誉会把你带去哪里。你真是永远都不知道，”说完，我就走开了。

她说……
相信自己的价值

因为我们女性认为建立关系是我们的一个主要优势，事实上我们认为自己最薄弱的环节在于缺乏将关系转变为商机的能力，这也没什么好奇怪的。下面是一个读者在我博客里的一段留言：

> 我是一个新入行的小企业老板，有很大的发展潜力。认识我的人都说我外向、自信、强大、和大家相处得很好、而且知道自己想要什么以及如何去获取它。我很有激情，对我所坚信的和所做的事情充满了热情，然而，我发现我总是难以启齿，甚至和我认识多年的朋友我都开不了口，让他们帮我介绍业务或求他们帮我任何忙。我过去曾在教会工作过，基本上都是为别人而求人的，我也这么做了。但我就是不会开口让人满足自己的需求。为什么会这样呢？

她问了这个问题，因为搞不清楚为什么女性为自己的事求人就会觉得不自在。我们担心别人会轻视我们，或者我们会成为别人的负担，或被人认为软弱。我们搞不清楚自己为什么要参加社交活动。它不仅仅是为了建立关系。要开拓业务，我们就要敢于提出自己的需求。人们不会神奇地猜到你需要什么而给你所需要的东西。

我应邀去给一些男女听众做讲座，如何从社交活动中获得更多的收益。我讲的绝大部分内容是如何从社交活动中获得更多的商机。我讲完后，开始在大厅里来回走动，很多人走过来和我谈他们的见解、问我问题。有趣的是，女士们觉得我在讲座中过多地强调了社交的最终目的是谈生意，而她们觉得社交最重要的内容是认识人、和他们建立长期的关系。

有位女士很不高兴，觉得我把人际关系商业化了。我问她如何能获得更多的生意。她说人们对她和她所从事的行业有所了解后，就会选择她的服务。她说她不必为了揽生意而向朋友们推销。相反，更多的男士很感谢我给他们提供的信息，并且希望了解甚至更多关于如何在交往中创造更多商机的内容。

妨碍女性把社交方面的努力变成商机的事情就是提出要求这一步。这位受访者所述就体现了这一点。

> 作为营销培训师，多年来我已经注意到男性"提出让人买东西"比女性要容易得多，在这方面女性需要多一些指导。

通过社交圈子找人介绍生意，这方面我们非常被动，其中的一个原因是我们很爱护自己的客户，更愿意亲自去关照他们，而不是把他们介绍给别人，别人或许不会对他们那么好。

女性最薄弱的环节在于不能把关系转变成生意，不仅仅是不能随即请人为我们推荐。我们还避免让圈子里的人帮我们介绍业务或帮我们拓展生意。我们必须要相信自己的价值，而且要知道我们请别人为自己介绍关系、介绍业务、跟我们做生意时，我们值那个价。女性们经常对我说她们觉得自己不应该向别人开口，或者不知道该要多少钱。许多女性过分低估了自己的价值，这样就很难提出我们想要的价格。

他评论……

为什么因为贸然开口而受到批评的总是我们呢？

她回应……

说得好！

我在商业推荐研究院给客户讲授"激发推荐关系的18种方法"时，男男女女都热衷于立刻在他们的社交圈里应用这些技巧。

当我进入下一阶段的培训，教授"别人可以帮助你的15种方法"时，男士们都欣然接受了这15种方法，但是女士们会找出各种借口，比如，"我从来都不可能让别人为我做诸如此类的事情，"或者"把这个强加于别人会让我觉得很不舒服。"我只得提醒她们，这只是在向关系最亲密的人寻求帮助，没有让任何人去做己所不欲的事情。我又提醒她们，刚才我让她们为别人做那 18 件事的时候，她们是多么乐此不疲！

虽然女士们都懂得先给予再索取的规律，但在请人帮忙这一阶段还时不时会有点抵触，因为正如一个受访者所言，“我不想让人以为我帮他们只是为了他们也得帮我。”请人帮忙这一环还是很难接受。哦，我们要是能像我们帮别人那样，也让别人来帮我们就好了。

他评论……

出于某种原因，我想起了我的姑妈哈丽特，她努力保住一份工作，一个人抚养 6 个孩子。我一直认为她是个非常自立的女强人，她可能也非常渴望别人的帮助，只是她不愿意开这个口。

她继续说……

有人不怕主动开口提出他的要求，最好的例证就是凯文·艾肯伯里，我圈子里的一位长期会员。我们谈论这事已经有段时间了，他联系我的时候，我们很快就接上这个话题，然后言归正传。他想让我帮忙审阅一下他的新书，如果我喜欢而且认为有价值的话就贴到我的博客中。然后他问我有没有需要他帮忙的地方。我没有按照老套的方式回答他，“现在没有，有了会告诉你，”而是提出等我自己的书出版后也要他帮我做同样的事。他说非常乐意帮忙推介。

凯文让圈内人帮忙推介他的书一点没问题。可是我圈子里的另一位会员也写了一本书，但从来没有开口让人帮忙。

女性对商业社交的定义搞不清楚，一部分是因为一般来讲，社交的开始阶段是没有什么导向性的，以后既可以发展成为个人私交，也可以发展成为工作关系。我们趋向于模糊两者之间的界线，更加注重私人关系，而不是工作关系。因此，一般的社交在我们的脑海中总是偏向于个人的立场，这是很自然的事。

按照常理，我们愿意将生意介绍给那些我们喜欢和信任的人。但这并不意味着商业关系一旦建立并且走上正轨，我们就要继续模糊两者之间的界线，去参加彼此的家庭聚会和孩子的派对。它的意思是我们要通过主动提出要求来区分个人关系和工作关系。主动提出要求会使关系更进一层，如果不走这一步，关系就到不了那个层次。女士们，鼓起勇气，提出你的要求。

还有一个经典案例，就是过多地考虑私人层面的关系而错失了开口的良机：我指导的一个客户布伦达，有一天下午像往常一样如约参加活动的时候大光其火。她扑通一声坐在椅子上，愤怒地举起双手，脱口就说，"我真不明白我为什么要做T恤生意！我想我干脆关门算了，不做了！"

在我们聊的过程中，我才知道她圈子里的一个熟人把一笔相当大的订单给了布伦达的一个竞争对手。她很伤心、很失望、很恼火。我问她是否跟希瑟，她圈子里的那个熟人，提出过生意的事。她先是目瞪口呆，然后一脸怀疑地回答，"我为什么要和她提啊？她知道我是做T恤生意的！如果她想和我做生意，她早做了。她分明是不想做嘛！"

随后我们给希瑟打了电话，问她为什么要选布伦达的对头。她的回答我一点儿也不奇怪。希瑟简单地说，"布伦达从来没跟我提过要我和她做生意。她知道我是一家非营利机构的董事会成员，我们每年都要搞这种活动，要订T恤。我还当她不想和非营利机构做生意，因为她从来没说要给我们提供T恤。"

他评论……

如果我有这关系，那家非营利机构早就连搭配的帽子也在卖了。你能怪谁呢？

她继续说……

吸取教训了吧？一定要开口！即便是关系最近的人，知道你做的是哪一行，也搞不清楚要不要用你的东西。如果你指望别人能读懂你的心思，你会失去大笔买卖。希瑟的假设是因为缺乏信息，这种情况很常见。因为布伦达没有明确提出，所以她失去了好买卖。

与亲戚和朋友做生意不需要这么复杂，这样想是错的。我不断听到"我不喜欢做亲戚和朋友的生意"这种话。但是我想知道那些人是不是在等他们的亲戚和朋友主动送上门来。如果是这样的话，他们自己的亲戚和朋友可能会认为这笔生意人家不想做，因为人家从未开过口，所以他们也保持沉默，这就会出现前面不明就里的状况，以为亲戚和朋友也不想和他们做生意。

他评论……

我都晕了。这就好像在一个奇趣小屋——唯一缺少的是趣味。

她继续说……

女士们经常和我说她们对于把关系商业化很不适应。如果女性和大多数遇到的男性都处成了私交、朋友一样的关系，那还剩下谁来和她们做真正的生意啊？没有人希望被利用，但这和你明确提出你的商业目标是完全不同的两回事儿。我们必须通过提出要求来彰显自己的职业本色，同时还要继续保持关系。这两种概念可以同时存在于同一个地方。主动提出要求是给周围的人一个明确的概念，它其实是一份礼物，让他们清楚地知道我们想要什么。如果你懒得去告诉他们你需要什么，你就得不到它。

想想看，作为企业老板如果我们能把自己乐于助人的慷慨，与一旦我们主动开口就能得到的巨大帮助结合起来，我们会有多强大。主动开口提供的机会远远超出我们的想象。

调查说……

最重要的社交品质

从图 6–3 可以看出，男性和女性对他们认为的一个优秀的社交者所具备的七种特质的看法非常接近。双方都认为“乐于助人”是一个优秀的社交者所具有的最重要的特质或品质。与我十多年前的调查结果相比，这是一个变化。十多年前，这一特质在社交达人中排在第八位。我相信

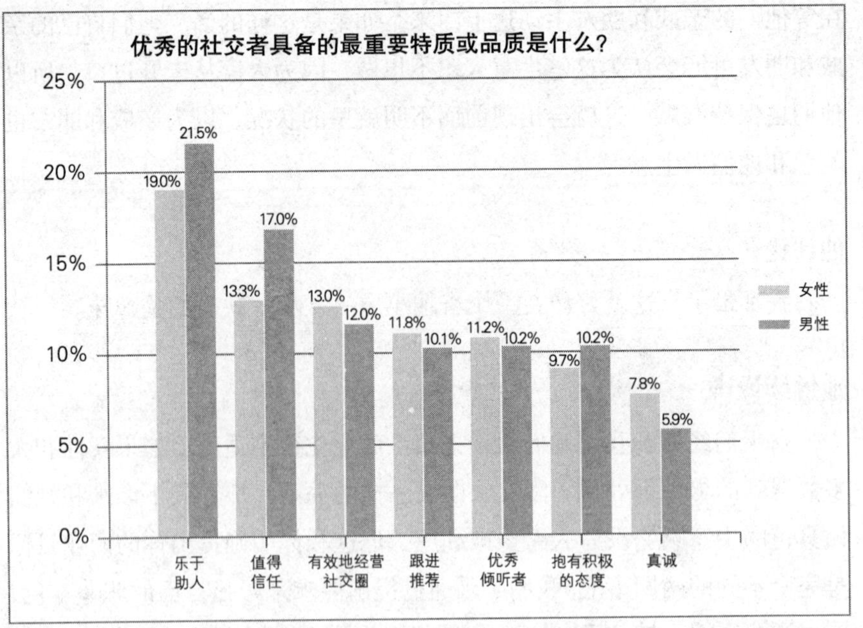

图 6–3 优秀的社交者具备的最重要特质或品质是什么?

这是因为商业人士的观念在逐渐转变，他们认为获得生意的最佳途径是帮助别人获得生意。这种关于如何成为一个“优秀”社交者的意识转变是一种积极的转变，它表明人们对如何让社交真正发挥其作用，更有效地为商业人士服务有了更深入的理解。

值得信任是两性都非常认可的第二个最重要的特质。信任是推荐关系存在的基础，是社交过程的关键。这一项的比例这么高并不奇怪。信任是成功的社交关系的保证。

紧居其后被男性和女性给予最高评价的特质是“有效地经营社交圈”。另一方面，女性比男性稍微更重视后续跟进、优秀倾听技能和真诚。优先考虑这些特质或许和女性的前提条件是做生意前先建立关系有关。换句话说，偏爱这些特质让女性更加感受到和“人”交往的自在，而不是和“商业资讯”在打交道。

有趣的是，与女性相比，更多的男性认为积极的态度是一个重要的社交技能。男性和女性都不喜欢牢骚满腹的人，男性也许更不愿意花时间去处理这些琐碎的情绪问题。很可能他们会简单地认为和那些差劲的社交者打交道纯粹是浪费时间、耗费精力、白费口舌，更别提那些让人沮丧的人了。

我们的一位受访者辩解道：

> 笼统地讲男性和女性，而不是因人而异，是很危险的。我觉得和一屋子男性或女性待在一起我都一样自在，除非他们开始谈论我完全不感兴趣的话题，比如足球。同样，和一屋子女性待在一起，如果她们开始谈论另一个我最不关心的话题——手袋，我也会逃之夭夭。最成功的社交者是从需求的角度来认识人，然后想最好的办法去帮助他们。

他说……

三种特质

在这个问题上我觉得我们男士稳操胜券！我们是这样排名一个社交者应具备的最重要的特质的，而且我们说得没错！

1. 值得信任
2. 乐于助人
3. 抱有积极的态度

我们男性认为一个人要成为一名优秀的社交者，他首先必须值得信任；其次，他应该是乐于助人的那种人；再其次是抱有积极的态度。有谁觉得奇怪吗？

如果我不信任你，那么我也许会对你很友好，但是我不会真正把你当成我圈子里的人。如果是进入我圈子里的人，这说明我愿意和他们共事，愿意把他们介绍、推荐给别人。并非每个人都要在他干的那一行里“最优秀”。“最优秀”只是个很主观的词，除此之外真的没什么意义。我要找的是我信得过的人。我需要让我的同事、朋友、家人、客户和熟人也信得过他们。

如果我要把此人介绍给我最亲密的圈中好友,他或她将为他们服务,我就要知道他们信不信得过。如果他们对我的圈中人不好，他们不仅损害了在我这儿和我们这个圈子里的声誉，而且也坏掉了我的名声。这是绝不允许的!

我希望自己周围的人是良好的合作伙伴，他们懂得要想在人生中有所作为，必须首先要成就他人。如果有谁不喜欢帮助他人，那他就得不到帮助。他们肯定得不到我的帮助。但是，如果我看到有谁比别人多做了一点,先考虑他人的需求、先人后己——这样的人我就想结交。这样的社交者不仅对我来说非常宝贵，而且对和我有关系的每一个人来讲都弥足珍贵。我信奉的原则是帮助他人，也希望身边的人和我有同样的想法。

积极的态度？呃！当然。谁想和消极的人在一起呢？我们都会遇到积极和消极的事情。生活中每天都会面临各种各样的挑战。有时，战胜这些挑战的唯一方法是抱着一种积极的态度，而且身边有志同道合的人支持你。

做生意要花很多时间，付出很多的艰辛。你身边态度积极的人越多,你得到的结果就越好，因为你得到的鼓舞越多，它将有助于你取得更大的成就。态度积极的人会以多种方式来鼓舞、激励、鼓励和帮助你。

看到了吧，女士们，我们男性也不差。值得信任、乐于助人、抱有积极的态度：你不可能找到比这些更优秀的品质了，不是吗？我是说,我们找的正是具有这些优良品质的人,这也说明了我们男性是怎样的人,对吧？

男士们，我想说我是多么为你们感到骄傲。在这本书里，我说过好多次我们是白痴，但这次我可以真正地说，我们聪明、有才干、帅气、幽默、真诚而且务实。伙计们，这方面我们做得很好——做得很棒!

♀ 她说……

倾听和真诚

女性之所以比男性更看重优秀倾听技能和真诚是因为这些是与关系有关的品质。我认识的大多数女性都很想知道费了半天劲儿给别人建立了联系之后结果如何。一旦我们推荐了某人，他们不只是要对这笔生意负责，他们也获得了我们的认可，从某种程度上讲，也代表了我们，也可以说我们是其担保人。

因为我们身兼数职，手里同时转着几个盘子，一旦其中的一个脱手，我们肯定不想回过头来发现没人理它。我最不想做的事就是自己不得不亲自回头去跟进好不容易得到的、却不小心放手的给别人介绍的人或业务，不仅因为这对我来说又多了一件事，还在于这会让别人觉得我的判断力有问题。

我已经发现给男士介绍业务时，他们不像我所希望的那样予以重视并且会抽空给我反馈。这也是我在介绍业务的圈子里从其他女性口中听到的最多的抱怨。我们自然也很好奇，关心推荐的结果如何，所以我们希望别人打电话来告诉我们进展得怎样。

如何成功地和女性交往，畅销书作者苏珊·罗恩给男士们提出如下宝贵的建议：

> 女性喜欢彼此介绍熟人、导师、分享信息和资源。还有一个好处就是我们总想了解事情进展得如何，这是很好的督促，因为我们是天生的媒人，非常负责任。虽然这个比喻不是很恰当，但是如果你和我们的一个朋友发生了一夜情，我们希望你会打电话来，告诉我们那晚多美好。这个建议既是给男性的也是给女性的。就是说你要让我们知道事情办得怎么样！我们女性需要知道这些。

我们还观察到双方缺乏相互的了解，这是女性希望弥补的彼此间存在的另一个差距。许多女性跟我说她们觉得男性在交往时没有主动倾听她们说话。因为主动倾听是加深了解、建立稳固的人际关系、最终获得别人推荐的关键，我建议男士们要认真地开始学习主动倾听的技巧，特别是和女性打交道的时候。如果你不注意听，等于放着钱不赚。

面对面和男性交谈时，最让我恼火的就是他们不停地摆弄手机。如果他们的注意力这么容易被每一条短信、每一个未接来电以及这小玩意儿发出的每一次震动分散的话，他们怎么可能真正地在那儿专心听我讲什么呢？女性很少出现这种问题，男性经常有这种问题。

有一天晚上，我正和一个生意上的朋友在当地的一间酒吧喝酒。说话间，他不仅在查看手机，还趁我们说话的当儿给别人发短信。因为他的失礼我很生气，觉得自己说话他好像没在听，我就问他是不是和所有交往的人都这样。他马上变得警觉起来，在剩下的时间里把手机放在一边，我们得以进行了一次愉快的交谈。

我认为有时要特别提醒一下男士，他们的失礼让我们觉得很不舒服，让人觉得多不礼貌。而且也不利于你去认识、了解你安排时间见面的这个人。显然，他不是故意要惹恼我，对吧？所以他采纳了我的建议，改变了行为。

男女双方对此都有责任。男士们，把你们的电话先放一边。在和我们见面之前把你要做的其他事情处理好，尊重我们在一起的时间，礼貌地把你的注意力集中在我们身上。女士们，提出你们对行为的要求。不要沉浸在你自己的愤怒里。以友好的方式告诉对方你去那里是和他见面的，不是去等他在你面前处理其他无关事务的。

他评论……

这条原则也包括在车上一边接会议电话，一边用 GPS 导航吗？

她继续说……

我想我们大多数人都同意，大家在刚开始认识的时候，都会拿出最佳表现，希望把最好的一面展现给对方。如果在一开始的交往过程中就表现得心不在焉，我就能感觉到这人不愿意倾听，或者甚至不会倾听。我当然不会把宝贵的资源介绍给此人。

真诚是女性比男性更看重的另一个品质。我最讨厌的就是虚伪。他们想方设法哄着你掏腰包，其虚伪的本质也一点点显露出来。我们女性在生意场上遇到过这种情况——感觉男性参加活动就是为了自己，嘴巴甜得要命，就是为了让你买他的东西。

他评论……

这听起来像是我认识的那个90岁的、娶了个22岁小姑娘的阔佬干的事。

她回应……

我说的不是这个意思！但我同意，虚伪不管在哪都令人讨厌。

每个女性都有过这样的经历，约会结束后，这家伙说要打电话，但是没有。我记得有个业务关系让我觉得有点被人利用了，我当时很有优势，愣没看出来，事后我才意识到。我和这家伙建立了一种推荐业务的关系，我们有着共同的目标市场，我们和彼此的客户合作得很愉快。我做了几次报告，给他介绍了几单业务。彼此的关系还不错。大约一年后，我退一步想想才发现这家伙的用意不诚。嘴上说的是给予，行动上只是索取。不用说，这让人感觉很不好，但有时真诚是一个难以了解的品质。

虽然女性比男性更认为真诚是交往中的一种宝贵品质，但是双方真的都想拥有这种品质。我们都希望将来我们交往的人是真诚的，不是吗？

第 7 章

社交投资

调查说……

投入社交的时间

我们在调查中问了很多关于社交活动投入的时间的问题。两性在这方面投入的时间基本相当。当问到“为了与他人社交，你参加了多少个组织？”女性平均参加 2.47 个，男性平均参加 2.58 个。因此，男性平均参加的社交圈子比女性稍多。

当问到他们平均每周花几个小时拓展社交圈时，男性和女性的回答又基本相当。大家用于参加社交活动的总体平均时间为 6.31 小时。男性每周平均花 6.44 小时，略超过女性的每周平均 6.19 小时。

为什么数据显示女性用在社交方面的时间比男性少呢？从受访者的反馈来看，女性似乎很清楚她们投入了多少时间，而且目的明确，从以下这番评论即可看出：

> 女性因为承担着家庭责任，往往会较少参加社交活动，特别是孩子还小的那些女性。

陪伴家人的时间很宝贵，所以我尽量把社交活动安排在工作时间。

另外，我们发现女性从社交活动中获得推荐的机会更多。相比之下，男性似乎对他们的社交活动不是很了解，做事没那么条理，急于求成。我们发现女性对安排社交活动更有条理性和有所侧重，特别是家庭需要和社交活动的时间有冲突时，正如下面这位受访者所言：

我曾听其他男士讲过他们把社交作为得到信息和买卖的最主要的手段。如果经过短时间的交往，他们从别人那里得不到可观的生意，他们就会退出这个组织。有几个人曾对我说四到六周后他们就会退出，因为没生意可做。我没听参加商业社交活动的女性说过同样的话。如果她们不参加了，肯定是有其他的事，或是不喜欢这些人的性格，或者觉得不适应。我从未听过哪个女性说因为四到六周后还谈不成什么生意，她就觉得很失败。

具有讽刺意味的是，尤其是坚持用交易手段的男士认为他们这是在节省时间，如果他们觉得在可以接受的一段时间内还没什么结果，他们就会退出。他们到处寻找机会，四处奔走，不让自己闲着。换句话说，他们比女性花的时间多，得到的收获却少。

另一方面，在调查中有位女士对社交过程有着完全不同的看法，反映出女性愿意把时间投入能够产生长期效果的关系上：

工作和人生总体来讲都是在建立和巩固关系。重要的是把必要的时间用在了解别人、了解他们的企业、看他们如何待人接物、对你的人生有何帮助。他们能解决问题、增加价值、及时反馈、提出问题、聚精会神地倾听、渴望了解你的企业、为你介绍业务、感谢给他介绍业务的合作伙伴吗？此外，我坚决认为最重要的是能够学会既要给予也要索取的生意之道，而不只是单向的给予或索取。

男性们更有可能把社交当成是……工作。这可能是受了我语言的影响。多年来，我经常和新手们说，“社交不是在一起坐着，或一起吃喝，而是一起工作！”男士们倾向于把社交当作是一项谈生意的任务，而女性们往往把建立关系看成是社交的一项必要内容，总有一天，会谈到生意的。

建立关系会很有趣、令人兴奋、充满活力。所以，加入很多个圈子的女性可能会很开心，而且意识到她们觉得很愉快的这种活动从长远来看，还很有可能带来新的商机和事业发展的机会。

女性觉得认识新人、和不同性格的人打交道会很有意思而且很愉快。你可能听过名噪一时的电影《阿甘正传》中的一句著名台词，“妈妈总说生活就像一盒巧克力。你永远不知道你会得到什么口味。”对于社交，你也许会说女性喜欢吃夹心的。她们喜欢各种各样的事物，喜欢体验和不同性格的人打交道的滋味。或许她们比较容易与人交往是因为她们更喜欢社交活动的人际交往，正如下面这位社交者所言：

> 一般来讲，女性比较容易与人交往，对参加论坛更为开放。在我参加的大多数社交活动中，我大多会和女性坐在一起，或者和女性交流。男士们往往会以严格的商务交往的方式先互相认识，然后才会谈论家庭或其他社会事务。

另一方面，男士则倾向于在那盒巧克力当中寻找他们想要的口味，然后设法去得到。还记得巧克力盒上有说明，告诉你每种巧克力是什么馅吗？男性更有可能去看说明，然后锁定合桃枫叶或者樱桃酒心的，因为那才是他们真正想要的。干吗要在焦糖和牛轧糖之类他不想要的东西上浪费时间呢？他们不是去那儿尝试样品；他们是去那儿寻找猎物，而且找生意是项工作——最好在最有可能结出硕果的地方来完成。

♂ 他说……

行动、信念和知识

现在你明白了，一般来讲，我们男性都是注重结果、以交易为重的。社交是发展相互推荐的战略合作关系的一个关键要素，要想带丰盛的猎物回家，就得有这种关系。我的狩猎场包括各种随意的接触、社交网站和业务推介网络、服务俱乐部和女性商业联合会，因为接触资源多，就有机会给我带来更大的财富。

作为男性，我们认为如果有商机存在，而且我们确实要供养家人或族人，我们就必须把所有可供选择的目标都找出来。除此而外，生活的乐趣就在于它的丰富多彩，不是吗？虽然我们尝试了多种选择，我们不会在任何一个看起来无益于我们取得成功的社交圈子里待很长时间。为什么？主要是因为我们关注的范围没有那么大，我们要把自己非常简单的头脑用在直截了当、可以实现我们目标的行动上。

我加入的圈子，有些我喜欢，有些我不是很喜欢。我对所属圈子的喜爱增加了我与他们交往的乐趣，这都是好事，但最终，我还是要做我必须做的，不断为自己拓展生意。这和男性为一家老小去寻找猎物，只会在他们知道能有所收获的地方打猎，是一样简单的道理。干吗要在没有结果的地方浪费时间呢？

我希望成功，我也不想苦干，我宁肯巧干。我不是要和猎场或我平常打猎的地点建立关系，相反，我只是想利用这个地方打猎，带丰盛的猎物回家。

男性社交的成功主要由两方面来决定：我们选择加入的组织的多样性和我们自己掌握的社交技巧。这似乎很简单，不是吗？实际有多难吗？我只是参加各种活动、和人们交谈、了解他们是谁、做什么的，然后决定是否有和我对路的。如果有对路的，我就继续保持这种关系。如果没有，就拉倒，非此即彼，干脆利落。男性就是这么做的。我敢肯定你看得出我们这样做会有何结果：没错。我再说一遍我们男性都是傻瓜！

男士们可能在想，“等等，弗兰克，别跟我说这招儿不管用。我在商界和社交界混了很多年了，没浪费多少时间就已经做成好多笔生意了。”

这点我相信，伙计们。问题是，你早该做成多少比这还多的生意了呢？我们不断地教育自己、提高自己，我们在社交方面也许会更有经验，但并不意味着我们会更有效率。为了在某方面做得更好，我们必须重点关注三个方面：我们的行动、信念和知识。

我们的行动

这是我们每天切实要做的工作，比如，打电话、发邮件、参加社交活动、平衡账目。

我们的信念

这是我们和自己内心的对话，告诉自己我们是谁。我有自信吗？我是不是太急于求成？怎样做或怎样说才对？我的产品或服务很好吗，或者需要改进吗？我要价太高吗？我确信你能记得每天在你脑海里闪过的许多其他问题，以及你决定下一步会做什么。

我们的知识

这是我们对具体工作和具体问题的理解和认识。如果你想成为一个优秀的社交家或销售人员，你应该问问自己是否了解目前所有关于如何进行有效社交的理论和方法，比如 VCP 过程、战略收入循环、前期预期管理、战略联盟团队，以及一级、二级、三级推荐，此处仅举几例。如果你不熟悉这些术语，那么你可能就要增加自己的知识量了。

下面这个“如何成为一名网球手”的例子充分说明了三者结合如何帮你实现目标。当我决定要去打网球的时候才开始思考这个问题。我以前从没打过网球。我在想：要想熟练地打好网球，我必须要做到什么呢？于是我定了个计划。

知　识

我需要全面了解这项运动，包括各种击球和球路、得分技巧和赢球策略。

行　动

我要上课和练习。上课可以帮助我把学到的有关打网球的动作要领变成实践。掌握了所有击球的知识及其运用，我就懂得了如何控制球路。我的身体最终将领会大脑的意图。大脑又可以加深对它的理解，真正领会动作要领，也提高了我打网球的智慧。

信　念

我要相信自己，并相信自己有敏锐的球感。我越是对自己有信心，我就越能够打好。没有内心的自信，就打不好。我也许可以做得不错，但如果没有信念，就永远不可能有卓越的成就，通过一次又一次地见证自己的成功，逐步树立这种信念。

在锻炼你的社交和经商的技能方面也遵循同样的原则：你必须对手头的某个特定的主题有所了解。然后你还要走出去，实践你所学到的知识。这会让你把书本知识和实际生活联系起来。最重要的是，你要对所掌握的这门技能有信心，这样你才能成为真正的行家，这需要实践和努力才能做到。

你也许想知道我为什么要反复强调这三个要素，读这本书的人当中有好多已是经商多年，当然知道自己在做什么。好，你也许知道你在做什么，但你可能只是一遍又一遍地重复同一件事情。当然你很清楚自己在做什么；你都已经做了 20 年了。

太多的男性在想，“拜托，我干这行已经很多年了。”对此有一个绝妙的经典回答，“那么，这 20 年来你是一直在提高呢，还是重复第一年所做的事重复了 20 次？”男士们，我们还是谦虚点，要认识到我们必须进步，更好地掌握沟通、建立关系和经商的技巧。仅仅因为这些技巧你已经用了很多年了，并不一定意味着你用它们用得很好。

你也许只是运用你还没有充分了解的技巧在努力地工作。如果我发现你用高尔夫球杆打了很多年的高尔夫，而且你自称打得很好因为你经验老到，试想如果我告诉你，你把球杆拿反了，如果你把球杆正过来你该打得有多好，这时你会多么惊讶。好并不意味着你不能再提高。我保证你可以做得更好。顺便说一句，当你能够充分运用你所学到的全部技巧时，你做这行就会做得更加娴熟，这意味着你能用较少的时间和精力得到更多的投资回报。我现在引起你的重视了吗？

为什么男性会花更多时间社交？

是的，我是现代男性，所以我当然想在生活中找到“平衡”。但是我什么都想要，包括有时间去工作、完成所有工作上的事，有时间享受天伦之乐，有时间单独陪妻子。但是我把自己当成是一家之主，要养家糊口。这意味着我要尽我所能事业成功。如果我需要到某个地方去揽生意，我就要去那儿。

男性用在社交方面的时间比女性多吗？是的，这是我们的文化使然。一百万年前，我那还是原始人的曾、曾、曾祖父外出为家人寻找食物，他通常不会空手而归。他需要竭尽所能带回猎物，不管费多少时间；嗯，这就是为什么他们要穿着毛茸茸的整块兽皮做成的衣服——抵御长期在外打猎的严寒。一家老小全靠他带回的食物维持生存。生活在现代的我也有同感。我会全力以赴，花费所需要的时间以获得成功。如果我外出打猎，时间没花多少，但是空手而归，那有什么意义呢？花多长时间都得花，直到有所收获，我才能回家。

♀ 她说……

人际交往也是社交

我们的调查显示男性用于社交的时间比女性多，但似乎女性的收获更多。一开始这好像有点令人费解，直到我开始注意女性所做的事情，和男性相比较我才明白。女性把参加社交活动叫做社交。当她们参加家长会、志愿者聚会，或坐在餐馆吃饭，她们是在进行人际交往，她们不认为这是社交。当她们打高尔夫球时，她们边打球边进行人际交往。而男性把多数事情都称之为社交，如果看了他前面所说的话，如果他们觉得可以从中获得生意，那它就是社交。当他们在高尔夫球场打高尔夫时，他们是在进行社交，当他们在跟一个可能的推荐人吃饭时，他们是在进行社交。

记住女性更可能注重关系，她们花费自己的时间，寻找彼此的共同之处，找到她们可以相互支持、共同合作的领域。女性已经说过她们不喜欢把自己的社交圈子商业化，所以理所当然，她们也不喜欢把自己彼此交往的时间商业化。我的冰箱上有块贴纸，想必许多女性朋友见过。上面画着四位女士在聊天，文字说明写着："这不是在八卦，这是在社交。"女性彼此交往，相互联系。男性们往往称之为八卦；别看这种聊天常常在院子里，这是在建立关系。如果你家里需要什么，问一位母亲好了。在《社交大师》一书中我写了一则小故事，"母亲是天生的社交家"。千真万确！

对于女性来讲，下一步要做的是如何让圈子里的人帮她们拓展生意。女性用了大量的时间去社交，但常常没有意图。提高其社交能力有一种方法，就是有意图地参加社交活动。男士们常常把在董事会任职当作一种联络和社交的途径，但女性在董事会任职是因为她们关心这份事业，往往从来不想把它和自己的商业圈子联系在一起。如果我们对自己的圈子有更多了解的话，我们就会意识到有大把人可以而且也愿意帮助我们拓展业务。

第 8 章

有计划行事收获更多

调查说……

运用系统

运用系统的方法进行社交活动是调查中提出的几个问题所关注的焦点。结果以多种方式体现。调查中我们问大家是否有系统的方法来保持和通过社交认识的人之间的联系，58% 的人说“没有”。我们至少在一个与之相关的其他问题上也得到过非常类似的结果。两性在这些问题上的差异可以忽略不计，不具有统计显著性。

但重要的是，大多数人都没有一个可靠的办法来保障与他人之间的联系，确保他们的联系不会中断。这对于建立稳固的个人社交网络来说是个致命的缺陷。我们知道这一点，是因为我们后来的调查结果显示了方法的运用与产生积极的商业成果之间的关系有多么大的影响力，不过我们很快就会谈到这一点。注意看下面这段话，看看没有人情味的跟进，或者缺乏优质的质量系统是如何把客户拒之门外的：

有一次我去参加一个晚上的社交活动，有好多男士向我“推销”。

其中有个人是汽车经销商。那阵子，我其实正在考虑买部新车。听了他的销售演讲，我对他说我非常有兴趣，并且给了他我的名片，叫他给我回电话。两天后，我收到了一封不是发给个人、而是面向大众市场的电子邮件，他是群发给见过面的每个人的。他从来没给我回过电话。如果你不打算倾听你见面的人的想法，或者跟进一个抢手的销售线索，那你参加这些活动有什么意义呢？

那些真正运用有效的跟进服务技术的人向我们展示了切实的跟进系统是多么有效。比如，这对夫妇就发现了如何借助彼此的联系来拓展业务：

我太太和我共同合作，互相给对方介绍业务。她是银行职员，而我是一名在线商务咨询顾问。她保持联系的方法是首先向客户要名片。然后问客户有没有网站，他们觉得网站如何，他们如何获得生意。借此机会向他们推荐我的网站设计、电子商务以及在线营销服务。我反过来会问我的客户做业务是否会用到在线信用卡支付业务，借此机会继续向他们介绍我太太作为个人理财顾问所提供的服务。

这位受访者也意识到了系统方法的重要性：

我有一个功能非常齐全（处于监控中）的“点滴信息收集系统”，成本早就赚回好几倍了。这个“点滴信息收集系统”包括食谱、生日俱乐部的信（预先安排客户在其附近的面包店挑一款生日蛋糕）、每月简报、乔迁新居的周年纪念卡、参加一年一度在当地活动中心举办的晚会的请柬。客户参不参加并不重要。第一次接触后最先在他们脑子里记住我的名字才是重要的。以后他们需要我的服务时他们就知道来找我。

正如这位受访者所言，时刻提醒自己商业社交的目的何在也是跟进的一项重要内容：

参加商业社交活动，让我与几位男士和女士成了很要好的朋友。

如同任何一种关系一样，友谊需要经营。据我的经验，无论男性还是女性，当你们之间的信任达到了某种程度，转化成了友谊的时候，你就要当心了，因为你会完全忘记这种友好的关系还有商业的一面。这就是为什么我觉得关键是要有一套方法的原因，它会不断地把你带回到做生意、赚钱的轨道上来。忽略了这一点，关系的性质就改变了。

♂ 他说……
做事情要有方法

方法？我们做任何事都有方法！你见过男性在烤架上生火吗？这就体现出方法的妙处。首先你要把烤架洗干净，然后整齐地把木炭堆成金字塔状，非常小心地用不多不少的打火机油弄湿木炭。点着木炭，啊，火苗。点火还真是有点讲究！一旦到了火候，只有男性才看得出，是时候把你的大牛排放在炭火上，让它们嘶嘶作响吧！你明白了吗？我们知道方法，生火就是一个例子，我们几千年前就做得很完美了。

做生意有很多方法，我们用它是要对我们有利，这点很重要，就像生火。运用一些系统，使我们能够持续地跟进并保持联系，听着好像应该很容易办到；毕竟，火是由我们来控制的。那为什么更多的男士不用这些方法来辅助他们的商业活动呢？我大胆说一句，保持联系让人觉得有点太讲求关系了。毕竟，那些生意伙伴已经认识我们了，而且我们也已经卖给过他们东西，那为什么我们还要保持联系呢？

如果我告诉你运用系统会让你赚到更多的钱，你愿意用此方法吗？你当然会的。更多的钱相当于有更多自由支配的时间，如果有现成的系统在那儿帮你，你就可以省下许多时间和精力。

有多少次你忘了去跟进一单介绍的业务，或者忘了及时回电话？也许并不是因为你有心要这样做，但有时我们实在是太忙了，忘记了这些琐碎的事情。是的，女性天生就是身兼数职的能手。我们男性必须要有更多的方法，来确保我们不会漏掉很细微的事情。每一次疏漏，可都是钱啊！总体来讲，在我们的工作中多采用一些方法可以让我们赚到更多的钱，这样我们就有时间做我们喜欢的事情，比如生火！

她说……

及时跟进

财富就蕴藏在及时的跟进中。最近，我把一笔业务转给一位先生。我告诉他这笔业务已经板上钉钉了。我从未听到他的回信，于是我把这笔业务转给第二个人，告诉他同样的事情。他也从来没给我打过电话。后续的跟进完全中断了，就是因为这两人都没有一套及时跟进的系统，或者因为我是个女性，不愿和我打交道。两者都错失良机。我很少碰到女性有这种情况，我介绍了业务，她们会很快给我打电话或发邮件。

有一次我给一位男士介绍了一个 30,000 美元的项目，他从来没跟进。我甚至第二次给他电话，想给他第二次机会。我把同样的项目介绍给一位女士，她在 24 小时之内就给我回复了。这也许就是女性觉得她们比男性从社交活动中获得更多生意的缘故。她们在及时跟进方面做得更好。

调查说……

衡量是必需的

如果你能及时掌握自己参加社交活动的情况，你就可以对其进行研究，确保你投入的时间能够有所回报。你每周会用多少时间参加社交活动呢？从投入的时间上你获得多少生意呢？两年衡量一次你平均所花的时间和获得的收益，然后退一步评估你的方法和产出。能否换种方式做事？如果我们要花时间做任何生意上的事，我们一定要保证它能给我们带来我们想要的投资回报。古话是怎么说的？如果你不能衡量它，你就不能管理它。最终，如果你可以衡量它，你就可以看出是怎么回事，并且可以做出改变。

♂ 他说……
社交的投资回报

都是关于 ROI（投资回报率）……对吧，伙计们？时间就是金钱。关系就是金钱。时间和关系都是金钱。如果我花的时间不能给我带来相应的回报，那这种关系必须中止！我们男性是怎么想的："我最不需要的就是与一名男性或女性之间的另一种无果而终的'关系'……指生意而言。我要知道我的时间是有利可图的。说来说去就是底线、投资回报率、交易……'买卖！'"

女士们，我现在要告诉你们一个公式，这是我们男性在进入商界之前就得到的一个公式。从爷爷到父亲，从父亲到儿子，一辈辈传下来的。这是第一次透露给异性成员。这是我们过去几万年来成功的秘诀。

男性的投资回报率公式

性别 × 年龄 × 教育程度 × 经验年数 ÷ 社交圈子的人数 × 与每个人保持关系的平均年限 – 年龄 32.5 岁以下的人数和年龄 52.25 岁以上的人数。

算出得数后，乘以 3.14666，然后再转化成分数。

得到这个分数值后……

请告诉我你不会真的去算吧！你其实认为我是在开玩笑，对吧？

实际上，就社交而言，是不存在什么成功的数学公式的。作为男性，我们喜欢认为它有，但是在本书中我们已经指明，有时我们男性（作为一个性别）并不是抽屉中最锋利的刀。

所以这就是现实。忘掉我刚才说的“请告诉我你不会真的去算吧！”这回事儿。衡量一下我们投入的时间、金钱和精力是很重要的。衡量一下我们从社交活动和他人的推荐中获得的实际收益非常重要。我相信它，我就去做。但是，我真正要衡量的是什么呢？关系是不可能在纸上算出来的。社交的结果来自于在某种关系中投入的时间和精力。这些结果是通过给予、关心和希望帮助别人而培育出来的。让我问你几个问题：谁会给你介绍下一笔大业务？要花费你多少时间和精力，何时能得到这笔业务？我确信你回答不上来。为什么？因为你很难预料。你永远不知道谁会给你下一个大单。

从社交圈子中的熟人那里，男的也好女的也罢，获得收益的关键是他们有多大的诚意想帮助你。如何衡量别人帮你的诚意有多大呢？不好说，但一定是个很酷的公式。

作为男性，我们不想把时间浪费在无意义的活动和“不明白”的人身上。你怎么知道他们是这种人呢？你知道，凭直觉。（除非你自己也是那种真的搞不明白甚至不懂我在说什么的人。）我们有自己的生活经验、学到的智慧、洞悉世故的练达和情商来帮我们判断某种关系什么时候还值得继续。没人能够真正地教我们这种识别能力。它是内在的。

请确保你衡量的是从各种社交活动中获得的最终结果。然后退一步来看你在那些活动的各种关系中是如何投入的。我希望你看一下每种关系，问问自己它们对你的生意是否还有价值，然后站在对方的角度再来审视一下。你觉得对方从你们的关系中获得的投资回报率如何呢？我们要记住，你对这个问题的看法并不重要。对方是怎么想的、怎么认为的，对他们才重要。但是，这和你也有关系，因为如果他们认为你有价值，你认为他们也有价值，那你们双方就有很大的机会发展关系，最终使双方都受益。

男士们，女性在这方面很擅长。我们要注重这一规则，规则很好，衡量也很重要，但是人和关系更重要。所以，要及时掌握情况，要衡量。

♀ 她说……

利用有限的时间

时间对大多数女性来讲常常是一种亟需的商品。我们看下两性社交时间的对比数据，就知道男性比女性加入的组织多、用于参加各种活动的时间多、平均每周用于参加社交活动的时间也多，这一点都不奇怪。可男性们却说他们比女性从社交圈子里获得的生意少。男性和女性对其时间和结果是在猜测，还是真有方法去测算？根据我和许多商业男士和女士对这个问题的探讨，极少有人真正及时掌握他们个人投入的时间和得到的结果。

有一位叫埃里克的男士建立了一套关于其活动和结果的很完善的统计方法。他确切地知道他花了多少时间，哪些组织给他带来了结果，他从每个活动中赚了多少钱。十年来，我只碰到过这么一个人，真正能够拿出他的方法。我们大多数人对投入的时间和结果只是猜测而已，常常和实际情况有很大的出入，不是过高估计或猜测就是过低估计或猜测。

如果你参加社交活动是为了做生意，那你就必须衡量其结果。时间就是金钱，不可能失而复得。如果我失去了我今天所拥有的一切，我知道假以时日，我可以千金散尽还复来。关键是我有足够的时间吗？对女性而言，总归是个时间问题，陪家人的时间、工作的时间、和朋友聚会的时间、留给自己和他人的时间。为了充分利用时间，我们必须从衡量结果开始。

我明白，我明白！我听过好多次了，你不想把社交搞得太商业化，你不想急于求成，你不想破坏你们的关系。我只是想提醒你这本书是关于商业社交的。生意需要衡量！

衡量你的社交圈子

- 把你现在加入的所有圈子列出来。
- 问下自己，我为何要加入这个圈子并写出原因。
- 你从这些圈子里得到多少生意，你给圈子里的人介绍了多少生意？

· 你加入这些圈子只是为了寻求支持还是真的想从中获得他人的推荐和介绍业务给他人。
· 你加入这个圈子多久了？

每年年底或在你决定加入另一个圈子之前，把这几条过一遍，然后再决定哪些你还要继续加入，哪些你可以抽身离开。注意：不要加入社交圈子，就坐等机会上门，没等到就离开，说没有效果。有播种才有收获。在指责他人或社交圈子没给你推荐或没给你生意之前先自我反省一下。

以下所列是你应该衡量的四件事：

1. 时间。你用了多少时间参加这个圈子的活动或与那些人交往？有效的社交，其中一项内容就是建立良好的人际关系。在商业社交界里我们建立的关系要互惠互利。建立关系需要时间；你投入了多少？
2. 给予。你给别人介绍了多少生意？如果我没给别人介绍过生意，就不能怨别人不给我介绍生意。你给别人介绍的人或业务结果怎样，你要及时了解，这点很重要。
3. 接受。你从圈子里或某人处获得了多少推荐或商业信息？这很关键。过去一年，你从圈子里或介绍业务的伙伴那里得到些什么？我从圈中好友或业务伙伴那里获得了多少推荐或商业资源？
4. 结果。你从获得的介绍和推荐中赚了多少钱？这与第 3 项接受有关。我从人们那里获得了大量介绍和推荐，但哪些最后成交了，哪些其实并不是很好呢？你可能发现你给予好业务的人最后只是回报给你较次的介绍。

如果你发现没有从某个圈子或某个人身上得到你所期望的结果，那么你就要看看你和他们是怎么沟通的。回过头来看下你是不是在沟通过程中没有说清楚你想要什么和需要什么，或者你是不是遇上了有来无往的主儿，你推荐他、他很乐意，而反过来该他推荐的时候就没音信了。

女性往往不会这样去衡量，因为觉得太算计了，有损彼此的关系。我请求不和所有讲这种话的女性一般见识；这是商业社交。衡量你的结果才能管理好你的时间。如果你得不到想要的结果，你可以停下来，重新评估，需要的话还可以改变方向。

记住：如果你的社交圈子不起作用，带不来生意，那是你的错。只要你记住那是你的错，责任都在你，只有那时，你才永远具备了改变的能力。如果你不去衡量你就永远不知道它的效果如何。

女士们，我们的时间是有限的，乱七八糟的事情一直在等着我们去处理，如果我们要充分利用时间，就必须要衡量。

调查说……

社交的有效性

我们将两个问题的答案结合起来，确定社交这种商业手段真实的有效性如何。一个问题是参与调查的人用在社交方面的时间有多少，另一

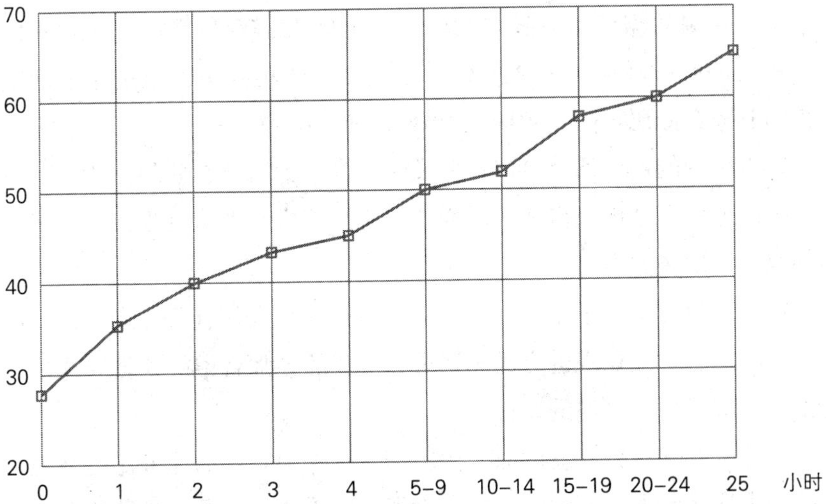

图 8–1　投入的小时数与业务量百分比

个问题是他们从社交活动中获得的业务量的百分比是多少。我们的分析表明两个因素之间存在线性相关。一个人用于社交的时间越多，得到的生意也就越多。图 8-1 显示的关系也确实如此。

每周平均数

要注意到每个调查对象平均（平均值）每周用于参加社交活动的时间是 6.31 小时，这很重要。换句话说，一周内，人们用于参加某种社交活动的时间略少于一个完整的工作日。

有趣的是，大多数说社交对其成功没有帮助的人（51.5%）用于社交的时间是 2 小时或不到 2 小时！显然，那些在这方面只用了很少时间的人会觉得社交不是一个拓展其业务的有效途径，因为正如生活的其他方面一样，一分耕耘，一分收获。难怪没有投入多少时间的人也就意识不到有多大的收获。这表明了社交所付出的努力与收获之间的直接关系。

调查中一般的人通过他人推荐和社交活动得到 46.70% 的生意。男士通过社交和推荐平均能得到 43.96% 的生意，女士平均得到 49.44% 的生意。

高效时间投入回报更大收获

最后一组数据非常有趣。我们发现全球 12,000 名受访者中，女性用于社交的时间较少（6.19 小时，男性为 6.44 小时），但是通过社交获得的业务百分比较高（49.44%, 男性为 43.96%）

以下引用的这段话就足以说明及时跟进作为一种有效的技巧，对一定时限内最大限度地获得成果所起的作用，因为女性没有投入那么多时间却获得了更多的生意。

在大多数社交圈子里，我发现只有一小部分人是有备而来的，而且会适时跟进。女性在跟进方面做得更好。我的导师就很好地教导过我，他说财富就蕴藏在跟进的过程中。

为什么女性比男性花的时间少，却从推荐中获得的业务比例高呢？这是一个让我们大惑不解的问题。除了要回答这个问题，恐怕我们还有更多的问题。

既然根据调查结果的反馈女性往往更看重“关系”，那么她们在社交过程中是不是没有把它当成是“社交”？换句话说，当她们认为自己是不带任何商业目的地在进行人际交往时，她们其实是在进行社交活动呢？

女性们常对我说她们负担的事情比男性多，比如照顾小孩以及承担各种家庭责任。结果，她们是不是在有限的社交时间里比男性更专注呢？因为时间少，她们是不是更有效率呢？我真的说不来，但这个问题值得研究。

这些问题，调查数据都没有回答，我并不是说这些想法是对的。只是把它们作为一个问题提出来。为什么女性比男性用于社交活动的时间少，却通过推荐获得的业务比例高呢？

这里——数据显示得很清楚，她们两者兼顾。

♂ 他说……

时间多而成果少

我们男性花的时间多，获得的成果少。无论你从哪方面看都不是件好事。为什么会这样呢？问题就出在我们的技巧、知识或者实际应用上；或者三者都有。也许是“老朋友”的问题。我们出去和一帮弟兄交往，把时间浪费在一起闲逛上，而不是用在结识新人上。我们是在和“伙伴们”做生意，但不是在和伙伴们做“更多”的生意。

真的令我感到困惑的问题在这儿。我们发现男性很注重结果，非常关注交易而非人际关系。如果这是真的，如果我们看重的都是交易成果，而女性不像我们一样关注交易、买卖或结果，那么为什么她们会在较少的时间里创造更多的商机呢？是我，还是这点也让我们看起来像白痴呢？

简单的回答是人们希望和他们了解、信任和喜欢的人做生意。他们希望把钱给那些他们最信得过的人。如果我不了解你或者不信任你，就不会和你做生意。

男士们，我想我们需要向女士们学习，注重时间的质量而不是数量。没什么好惊讶的！

♀ 她说……

管理好社交时间

女性常常比男性更需要时间，因为要兼顾家庭和事业，所以她们严格控制正式的社交活动时间，以满足诸多需求。当我们查看统计数据时，发现男性比女性加入的组织多、出席相关活动的时间多、平均每周用于社交活动的时间也多，这一点儿都不奇怪，可他们却说自己比女性从社交活动中获得的生意少。

既然她们的时间有限，女性就必须充分利用腾出来参加社交活动的时间，凭自己的努力最大限度地挖掘其潜能。男性一般来讲有更多的时间参加社交活动、与商界的其他人联系，所以女性要事半功倍地有效与他们竞争。

我们的研究表明一个人用在社交方面的时间越多，他或她就越成功。因此，如果一个女性用来工作的时间受生活方式所限，按理说她得到结果的可能性也是有限的。她唯一的选择就是找到更好的方法，充分利用她所拥有的时间，选择能够适应其家庭生活的圈子。需要是

旧物换新颜：购物狂的警告

你有没有试过把一双遗忘很久的鞋子擦拭一新后，惊讶地发现它们是如此的精致可爱？有时，现在建立的或者甚至是以前建立的某个很好的关系，稍加留意、呵护，当然还有抛光，也能焕然一新。别忘了已被你收在鞋柜里的“鞋子”，别变成一个贪得无厌的购物狂，满满一柜子都是没碰过几次就搁置一边的交情（廉价的鞋子）。

龟与兔

女性在通往社交的道路上是缓慢地稳步前进，一路上会停下脚步，花点时间建立关系；而男性则是全速前进，疯狂赛跑，直奔终点，想快点得到生意而跳过社交过程中的一些发展和中间环节。到达终点时，男性似乎节省了时间，但赢得比赛的却是女性，以更深入的、更富有成效的联系冲破了终点线。

发明之母，对吧？绝大多数处于这种情况的女性选择中午安排活动的社交圈，因为早晨和晚上通常要安排家庭生活，要接放学的孩子、做家务、做饭等等。

大多数商业人士把大把时间用在参加一个又一个的社交活动，认识更多的新人，指望能够向其中某个人推销他们的产品和服务。这种耗时间的事令女性感到沮丧，她们心有余而力不足，处于不利位置，部分原因是因为她们没法参加那么多她们认为适合去拓展商机的活动。相反，当她们注重社交的质量而非数量时，她们发现自己作为忙碌的母亲和企业老板的双重生活可以同时兼顾，获得丰富的商业成果。

有效的社交需要计划。重要的是要规划好你的时间，决定参加哪些圈子的活动，每个圈子分配多少时间。用一个专门的日历来安排时间，就像做财务预算一样，帮你把时间支出记录好。这种规划安排似乎可以让我们大多数女性把握好各种选择。女性很善于应付日历上排得满满的各项首要任务。

预算好时间后，下一步就是设定参加各种圈子的活动要达到的目标。这要求你把后续跟进的时间也预留出来。

我们的社交原则“配备”的系统越多，我们在有限的时间内获得的成功就越多。大多数人都认识很多其他人，但实际上却在花大量的时间，试图认识更多的新人，认为熟人越多，越有利于开拓事业，但现在我们知道了，那不是一种最有效的利用时间的方法。

我们大多数人都记得父母给我们的警告，不要贪多嚼不烂。人际关系也是同样的道理！

我们更注重整体地扩大社交范围，在这方面我们是有过之而无不及，如果把社交范围限制在一定数量以内，我们就可以对它进行高质量的管理。这样我们就有时间去做我们一直以来都在为家人做的事情，记住他们的生日、周年纪念，以及社交圈里其他重要的有关信息。

问问你自己是否记得家人的生日、姓名、爱好、以前谈过的话，以及你现在交往的许多人的生活追求。如果答案是不记得，那这时候你就要好好规划一下，看看你交往的人有多少，并注重提高和已有交往的人之间关系的质量。

调查说……

追踪与成功之间的关系

俗话说，我们要“珍惜我们衡量之事”——反之亦然——这一点对社交也很有意义。当我们在探察受访者在何种程度上认为成功与社交有关时，我们发现大多数认为社交对其成功有一些帮助的人，同时也有办法来衡量社交活动所带来的经济价值。相反，大多数认为社交对其成功没有作用的受访者，本身就没有办法及时掌握所参加的社交圈子产生的任何经济效益。

生活在一个新闻媒体经常报道最新体育比赛结果、股市行情、甚至周末最卖座影片的世界里，你难道不认为这种常识也该激励商业社交者们去及时了解自己从社交活动中赚了多少钱吗？不幸的是，常识也并不是那么普及。

高效的专业社交要求你像专业的运动员、股票经纪人、甚至电影院线一样对成功的各项指标给予同样的关注。为什么？我们可以通过改变所作所为来影响我们可以衡量的东西。换句话说，我们可以衡量的东西，我们可以改变。经过分析，我们的世界可以被塑造成我们所希望的样子——成功的世界。图 8-2 就证明了这句话的真实性。

你有系统来追踪参加社交圈子所带来的任何收益吗？			
	社交对你的成功有作用吗？		
	有	没有	总应答率
有，我现在有一套系统	**53.0% (5,408)**	34.4% (205)	**51.9% (5,613)**
没有，我目前没有一套系统	47.0% (4,803)	**65.6% (391)**	48.1% (5,194)
回答问题	10,210	596	**10,806**
跳过问题			1,198

图 8–2　用一套系统来追踪获益情况

追踪花园的点滴，见证它的成长

你是怎么记录生日、周年纪念日以及你生活中其他的重要日子？最有可能的是，你用某种日历——比如简单的挂历或复杂的每日计划。换句话说，你是用一套系统——不管是什么系统，适合你就行。

最重要的是，你为什么要用日历这种方法呢？因为那些生日、周年纪念日以及其他的重要日子对你生活中的人也很重要。你珍惜夫妻之情，你就会留意那些周年纪念日。你珍惜与家人和朋友的关系，你就会记着他们的生日。

建立长期关系也是社交的核心内容。认为与他人做生意前应先关注建立关系的受访者也表示他们有一套能够及时掌握社交活动的经济价值的系统。这套系统其实有助于他们重视和培养人际关系——懂得其长远的商业价值。

有趣的是，大多数喜欢用交易手段应对社交活动的受访者（先做了生意再说，以后再说关系的事或者从来不讲关系），都没有采取什么系统来及时掌握社交所带来的收益。他们不仅没有重视人际关系，把它作为一项首要的任务，而且也不关心他们的社交活动是否有经济上的收益。这是不是有点像是在说，如果你不是因为太忙或者有其他事情分心的话，你会记得你生活中某些人的生日，这都不是什么大问题？真的吗？

两性都从追踪中受益

要想在有限的时间内获得更多的成功，关键是为你的社交活动找到一种方法。大多数社交者只是到那儿去认识点人，扩大一下交往的圈子，并没有真正全情投入已经建立起来的社交圈子里，也没有及时追踪活动的情况或产生的结果。

以下是埃米尼亚·伊瓦拉（Herminia Ibarra）博士，欧洲工商管理学院组织行为学教授所阐述的关于深度社交的一番话：

> 真正起作用的是关系的质量而非数量，以及你是如何利用这些关系的。管理者们要记住社交是条双行道，他们要提供帮助，帮圈子里的其他人介绍关系，同时也期望从别人那里获得帮助。你可以在你的领域里拥有最庞大的关系网，但是如果你只是在有困难的时候才拿起电话，你是干不成大事的。这就是为什么你不想让自己沦落到真正有难的时候无路可投的缘故。建立关系需要时间、精力，每一种关系都有其自身的节律。根据你对社交活动的投入、回馈以及对未来投资的多少，你的社交圈子才会为你服务。

掌握了情况，才好去办。如果你对活动情况持续追踪，你就会明白你在哪些方面是成功的，因此要在哪些方面投入最多的时间和精力。

♂ 他说……

追踪全在于系统

正如我们前面所讨论的，你能为自己的事业做的最重要的一件事就是为你所做的每件事拿出一套系统。你采取的方法越有效，你就越有可能赚大钱，创造更多的财富，可以预见收入每年都会有规律地增长。提问：为什么我们男性这么喜欢系统呢？回答：多任务！我们知道这本书在前面提到过男性的大脑不像女性的大脑那么灵光，可以一下子应付那么多事。这意味着，如果男性不想点法子记着要干的事，我们就会忘记任何我们应该做的事。女士们，别在那儿点头笑。我们心里清楚你们知道这一点，我们只是不想让你们知道我们也有自知之明。这就是为什么我们经常会不记得周年纪念日和生日的缘故。我们是头脑简单的动物。对我来讲，多任务意味着看我喜欢的体育电视节目，左手拿着啤酒、右手准备好去拿薯条，眼睛一刻不离开 52 英寸的屏幕。说起来容易做起来难，相信我。

围绕你所处的社交圈子和推荐业务想一些办法也一样。如果你想花时间参加社交活动、认识人、收集名片、获得别人的推荐或推荐别人，那么有一些行之有效的系统可以让你做起事来更轻松，更容易成功。我接触到的一个新客户总是让我很惊讶，我们开始谈他们的数据库——他们的社交网络最核心的部分——十次当中有九次他们都会捧出满满一鞋盒的名片。（顺便说一句，鞋盒是我对办公桌第二个抽屉的技术改造，里面还放着我的订书机、胶带座、曲别针。）

以下是一些建立一套基本系统的小窍门：

- 运用数据库。给所有联系人建个数据库是拓展有效的社交圈子的关键。有一次我和一个业务合作伙伴坐下来调查挖掘彼此的数据库。他把我的搜了一遍，找出所有他想见的人。轮到我搜他的时，他拿出了那个鞋盒。你想想我们俩谁从这件事上得到了好处呢？

  数据库应该按功能分类。把其中的人按能见度、信誉度或盈利性进行归类。当你在拓展自己的社交圈时，有一个好的数据库或者客户关系管理体系是成功的关键。

- 建立一种事后跟进落实的方法。制定一套社交活动之后的落实系统。这点是如此重要，以至于在参加完社交活动后你要腾出一整天的时间来处理所有需要跟进落实的事情。你还必须有一套确定优先跟进落实的次序的系统。先跟进谁？作为男性，我们是交易型的动物，第一要务是跟那些我们认为可以做生意的对象去跟进。我不是说应该这样做，我只说我们做了什么。我在这应该可以说这话：男士们，不要把所有的精力都放在那些你认为最有可能马上成为你的客户的人身上。听到过没有，捡了芝麻，丢了西瓜？这就是一例。不及时和那些有可能成为你的合作伙伴、互相介绍业务的人联系，你最终只能挣眼前那点钱。同时，你让其他一连串的生意也跑了。你的社交圈子不只是要赚“今天的钱”，而且它真正能帮你把“明天的钱”也赚到手。这是我们小企业老板和销售人员存在的一个最大问题。我们往往不在“明天的钱”上下足够的工夫，因此我们总是做眼前需要的生意，这会让人觉得很累、压力很大。如果制定一个有重点的跟进计划，你就可以从短期和长期买卖上获得收益。

- 追踪你的结果。你的生意是从哪来的？谁给你介绍的？哪些组织最有生产力，值得你投入时间？如果你没有及时追踪结果，那你就不知道把时间花在哪最赚钱。如果有一两个人总是不断地给你生意做，那你就要多花点时间和他们交往，而不是花时间去认识新人，这才是明智之举。没有及时掌握情况，你就无从知道你的结果出自哪里。有一家公司开始跟踪了解其所有的业务，结果发现带来业务最多的并非销售人员。是前台的接待人员！你难道不认为重要的是这个人的努力应该得到认可吗？
- 礼貌致谢。请、谢谢、劳驾。这些礼貌用语我们不是在幼儿园就学过吗？文明与不文明的区别就在于这三句话……至少我认为是这样。我希望你不要把社交圈子里的熟人想成是你的朋友或家人，而是把他们当成你最尊贵的客户。如果你最尊贵的客户给你介绍了一笔生意，你会怎么做？（1）他们给你介绍业务的当下就对他们表示感谢。（2）马上和他联系，表达你衷心感谢他给你介绍的业务。（3）向你的尊贵客户反馈，告诉他你已经和他介绍的人联系上了，现在情况如何。（4）绝不怠慢客户给你介绍的人，因为她是你最好的客户介绍给你的。（5）告诉你最好的客户最后的结果怎样。（6）给你最好的客户送去一张感谢卡或一份礼物，以示感谢。对吗？你是不是应该制定这么一个大概的跟进计划？

个人资料（请务必完整填写并回传）

姓名 ________________________ □先生/□女士

Email ________________________ 生日______年____月____日

固定电话 ________-________________ 手机 ______________

单位 ________________________ 职业 ______________

地址 ____

QQ/MSN ________________________ 邮编 ______________

读者调查表

您从哪本书得到这张卡片的？ ________________________

您从哪里购得本书的？ ________________________

您的阅读方向？ ________________________

您还希望我们出版或引进哪类书？ ________________________

您的意见或建议？ ________________________

如何加入后浪读书俱乐部？

1. 拨打热线010—64072833—824，向客服人员登记您的信息。
2. 发短信至13911401220，我们将回电登记您的信息。
3. 将此信息登记表传真至：010—64018116
4. 登陆网站：www.hinabook.com，点击右上角"注册"，填写会员信息登记表。
5. 邮寄至：北京市东城区朝阳门内大街137号 世界图书出版公司北京公司 后浪出版咨询（北京）有限责任公司 邮编：100010

当然！为什么？因为他们是你最好的客户。你不想让他们生气。你想让他们看到你是多么认真地对待他们给你介绍的业务，你是多么真心地感谢他们对你的信任、信心和所做的努力。还有一个自私的原因——你希望从他们那里获得更多的业务。

如果你认识一帮忠实的社交圈子里的朋友，他们就是你最好的客户。如果你会做事的话，他们愿意源源不断地给你介绍生意。所以，要会做事。每次得到别人的推荐都要感谢他们，按照上述步骤来做。感谢很重要，但是及时向他们反馈进展情况更重要。

我没法告诉你曾经多少次我给别人介绍了业务，然后就没听到他们的回音了。我喜欢别人再回头告诉我，我帮他们介绍的业务完成得有多好。让我知道我可以帮朋友做点事，这让我感觉很好。别人对我的感激也会让我感觉很好。人们很希望自己做的事情能得到别人的认可。

- 追踪你的时间。时间就是金钱。你在社交活动上投入了多少时间？你投入的时间有相应的回报吗？如果你不追踪自己的时间，你怎么能回答上来这个问题呢？

如果你花点时间围绕社交活动采取些办法，你就会发现你会得到更好的结果，而且你还可以有更多的时间应付个人生活中让你忙得不可开交的许多其他事情。这一年中你或许可以有比其他时候更多的时间来参加活动。虽然你不可能随心所欲地参加很多社交活动，但你可以通过一些保持联系的系统和圈内的人保持联系。这些都是省时间的招儿。定期寄去贺卡；在日历上安排好时间。我把所有家人的生日都写在日历上。这没什么特别……但等着瞧，还有更绝的招儿。我还安排了提前一周把贺卡寄给他们。这给你的印象还不深刻吗？那么还有。我还安排了购物的一天提前一周把需要寄的卡买来了。（不，不是一整天……你知道我的意思。）好了……现在你们女士们肯定佩服我了吧。承认就是了。男士们真的感到很震惊，他们无法想象过个生日要花这么多时间、精力和心思。男士们往往是送去迟到的祝福。我为什么要这么做呢？因为时间。我非常忙。如果我掌控不好我的时间，我永远做不完我需要做的事。

要把在社交方面投入的时间当成你营销预算的一部分。社交是为了建立将来对双方都有利的关系。它是一种营销活动。把时间计入营销预算内，你就开始懂得追踪时间的重要性，因为它现在是你为了利润必须要关注的盈亏结算的一部分。

要深交，而不是广交。我确信这些年来你听说过影视明星们是如何在各类杂志封面上粉墨登场、在公众眼里交友甚广，可私底下却往往寂寞在家，离群索居。许多人在社交时也是这样。他们在社交圈子里广为人知，却没有和任何人建立真正的关系。所以他们有的只是个人的能见度，除了出行时备受欢迎以外，看不出其中有何真正的益处。我们必须注重在社交圈子里培养人际关系，而不是扩大社交的范围。是的，男士们，你们必须要与社交圈子里的人建立起真正的关系。我们要在社交圈里交往，而不只是停留在社交圈子表面，这点很重要。你所拥有的机会是你已经认识了几乎每一个你需要认识的人，可以成功地为彼此介绍业务，但是你还没有投入足够的时间去进行深入的交往。他们说普通生意人的社交圈子一般有 225 个联系人——他们真正了解、并且建立起某种积极关系的人。所以如果你的圈子里有 225 个人，而他们每个人的圈子里又有 225 个人的话，也就是说你离 50,000 人也没有多远。你说你还想多认识多少人呢？不断地扩大社交圈子是件好事，但是要花更多的时间去培养你和目前认识、但没有多少交往的人之间的关系。用一个客户资源数据库来自动管理你的社交圈子，你就可以有时间在圈子里交往，建立更深层次的关系。好的系统可以让你做到这一点——深入社交圈里。

- 管理好你的社交网络。花时间更新和管理你的 Twitter、Facebook 和 Linkedln 账户（或者你使用的任何网络平台），给你的博客增加新鲜、有趣的内容。这些都是保持与社交圈的联系、与他们沟通交流、了解他们需求的好方法。

我的一个客户十分关注他的Facebook页面，开设了7个新账户。他所从事的行业是灾难恢复，有一段时间强暴风雨袭击了整个州，他密切关注Facebook页面，看圈子里的人都在讨论些什么。他只是简单地问了句他能帮什么忙，就有7个人聘请他去帮他们修复家园。

她说……

系统在手，大不一样

在12,000名调查者中，说自己没有一套系统的人比说自己有一套系统的人多。更重要的是，说自己没有一套跟进系统的女性比男性多！很容易看出，你学会了让你的社交活动更有章可循，你就会有更多的产出。男性也好，女性也罢，有一套系统是成功的关键。对女性而言，这真的是她们成功的关键。

女性真正能用在社交方面的时间比较少。她们要兼顾家庭，从早晨送孩子上学到送他们去参加各种课外活动，接他们回家吃饭，安顿他们上床睡觉。除此而外，一天内她们还有许多其他的事情要干，只有很少的时间能参加社交活动。能够有一些系统去跟进和保持联系，可以让你的社交活动更有效率、更有收获。

当我们问到这些问题：你有一套跟进系统吗？你对社交活动给你带来多少生意了如指掌吗？你有一套保持联系的系统吗？男女的回答总是很接近。

总体来讲，说自己没有系统的人居多。有系统来做所有这些事情对两性来讲都很重要。

如果你的成功只是空想，没有落到实处，那是没有办法创造出成就的。实实在在的资料和数据告诉我们哪些方面你做得很好，哪些你根本没有做。及时追踪是成功的要素。

BNI就是这方面的典范。运行良好的分会能及时追踪所有的情况，从参会情况、给别人介绍了多少业务、别人给你介绍了多少业务，创造了多少美元的价值等，他们会全面追踪每个会员的情况。最成功的会员和办得最成功的分会是那些能够持之以恒及时追踪情况、定期评估结果的会员和分会。

我商业推荐研究院的客户要花很多时间在课上对前一周的活动进行评估。他们持有一张社交活动记分卡，可以告诉他们正在参加哪些活动、和什么人交往、得到了什么结果，是从谁那里得到的。如果他们不及时追踪这些情况，他们就无从知晓谁给他们介绍了业务，他们又给谁介绍了生意，哪些活动、哪些组织让他们的努力没有白费。

有种说法，“有所了解，方有所作为”。这话说得对极了。男性和女性一样，把社交当成是一项随意的活动，去参加几个会，认识些人，收几张名片，就回办公室了。对大多数人来讲，就到此为止了。像 BNI 一类的组织和其他一些社交组织在举办会议期间都有一些规定，但如果那些机构的成员离会后没有一套跟进系统，他们获得的成功就不如那些真正有系统去跟进落实的人。

追踪一切

有太多事情需要追踪：

· 你加入了哪些社交组织，从中得到了什么结果？
· 你用于参加社交活动和经营社交网络的时间有多少？
· 你从社交活动中赚到了多少钱？
· 谁给你介绍了生意，他们给你带来了多少收入？

你必须要有系统来及时追踪所有情况，还要有系统来：

· 跟进那些与你见过面的人
· 和社交圈子里的人保持联系
· 回报给你介绍业务的人
· 你打算如何帮助给你介绍业务的人

女士们，这就是你们要明白的关键点：如果你学会运用有效的系统，它可以让你在更短的时间内取得更好的效果。为你省出更多的时间安排家庭和个人的生活。前面费点工夫和时间制定措施和系统并加以实施，后面你就可以少花点时间去参加社交活动，把更多的时间用于和圈子里的人交往。对大多数人来讲，我们已经认识了所有我们需要结识的、要靠他们维持生计的人。我们不需要再扩大我们的社交圈子了——我们需要进入圈子里面，深入发展它。

第 9 章

在社交领域做最好的自己

调查说……

研究结果的精华

12,000 份调查、近 1000 条评论和事例、数不清的访谈、长达数月的研究以及多年的经验，可以让我们总结出什么呢？在此对我们所发现的事实进行回顾总结，我们认为它将有助于你在听从他和她的建议的同时，把这些内容牢记心里，作为形成新习惯背后的逻辑。

总结研究结果

· 男性和女性对大多数问题的看法比我们预想的要接近。

· 然而，对不同之处的看法却存在很大的差异。记住：个别现象会成为整体观念。

· 女性认为社交对其成功的作用比男性认为社交对其成功的作用稍大一些。

· 女性运用的学习社交技巧的手段比男性更丰富。

· 相比女性，男性更可能把生意放在首位。女性则更可能是首先建立关系，然后再谈生意。

· 对两性而言，把社交活动安排在一天中的哪个时间段不是个大问题。这点令我们感到惊讶。
· 家庭责任对女性而言更是个问题。
· 对于参加晚上的活动，女性肯定不如男性觉得安全。
· 对于有组织的和随意的社交活动，男性会二者选其一。女性则认为两者都可以接受。
· 男性和女性都觉得别人不如自己适应社交。
· 男性更关心社交的交易层面，女性更关注社交的人际关系层面。
· 男性用于社交的时间稍多一些。
· 与男性相比，女性从社交活动中获得的业务量比例较高。
· 男性或女性，在社交方面投入的时间越多，获得的业务量比例就越高。
· 人们越是经常使用一些系统去及时追踪社交过程中获得生意的情况，他们就越有可能觉得社交对其成功发挥了作用。

男性和女性都同样渴望在事业和社交方面获得成功。但是所经历的过程、思维方式、所采取的获得成果的途径却非常不同。原因是我们看世界的角度不同。这种差异有些是天生的、有些是后天形成的。它意味着如果我们要更有成效，我们就必须学会尊重、欣赏、接纳彼此的差异。我们要懂得在事业和社交方面，我们作为一个团队共同努力，效果会更好。只是我们要学会相互适应、具有同理心、敏感，并懂得他们不是你。

你能够而且也会战胜困难。个别现象并不定会变成观念。你也可以改变他人的观念！

以下是我们整个研究小组分别给男性和女性朋友们提出的建议，愿它能伴你们走向最光明的未来，在社交方面取得最大的成功。

♂♀ 我们说……
一些建议

我们都想达到同一个目标。如果一路上我们可以互相帮助，会让我们所有人都受益良多。以下是一些建议，可以引你走向与异性社交的成功之路：

对于女士们

- 不要卡在VCP过程的信誉度阶段。提出你的需求。
- 请求帮助时，把话讲明，明确提出你想要的东西。
- 抽出时间去社交。
- 和男性讲话时，努力给他们留下深刻的印象，并分享你所取得的成就。
- 当遇到有人言语冒犯时，马上讲出来。
- 参加商业活动穿着要得体。
- 要有及时追踪业务情况的系统。
- 对他人提供的商业信息、介绍的业务要及进跟进，和认识的人要保持联系。
- 参加各种类型的社交圈子。
- 记住社交的最终目的是获得生意，所以要主动向人提出做生意和介绍业务的请求。
- 你所做的一切，都要给人一种印象，你是个严肃认真的生意人。
- 学习介绍业务的方法。
- 不要把所有的男性朋友都集中在同一个圈子里。

对于男士们

- 放慢心态建立人际关系。
- 按正常的顺序走完VCP过程。不要越过信誉度阶段。
- 进行和保持眼神的交流。
- 倾听并提出相关的问题。
- 不要想当然地认为女性不把她们的生意当回事儿。
- 不要在社交场合挑逗女性。
- 说话之前先考虑好怎么说，在商业场合不适合讲的话不要讲。
- 对他人提供的商业信息、介绍的业务要及进跟进，和认识的人要保持联系。
- 及时了解最佳的、最新的、最先进的社交实践技巧。
- 为你的社交活动制定一些系统并加以运用。
- 抽出时间去社交。
- 说话是为了与人沟通，不单只是给人留下印象。
- 记住女性参加社交活动的目的和你一样，也是为了获得生意。

我们之间的差异是一个很大的优势，不是劣势。按照我们在本书中所介绍的步骤来做,你应该能够与男性和女性建立起更富有成效的关系。在我们向你道别之际，我们准备了这份针对不同性别的简单列表，送你前行，迈入那复杂广阔、男女共同拥有的商业社交的天地。

祝你好运，请继续关注 BusinessNetworkingandSex.com，了解有关商业社交的最新进展情况。

出版后记

有调查显示，企业依靠 41.4% 的业务推荐，带来 80% 以上的销售收入；而 48% 的人是通过推荐找到工作的。社交在人们工作和生活中的重要性自不必说，关于社交的书籍也比比皆是。可以说，我们已经进入社交网络的时代，互联网使传统的人际交往发生了巨大的改变。由此出现了一些新问题，联络的便捷性并不意味着心理距离的拉近。

虽然关于社交的书籍很多，但多偏向礼仪、心理方面，没有一本书专门讲两性在社交上的各种差异，以及相差甚大的思维和行动方式。现实生活中，很多男性和女性只是用自己性别所喜欢和理解的方式与异性交往，因此造成很多沟通障碍，闹出不少笑话。性别阻碍了社交能力。这是个有趣的课题，而且对于人际交往的成败关系重大。

《帅哥美女经济学》是第一本通过深入剖析两性在社交上的共性和不同之处，来指导人们的社交行动，进而形成各自社交风格的书籍。

作者米斯纳博士经营世界上最大的商业社交组织国际商业社交（BNI）近 30 年，被 CNN 和《企业家》杂志誉为“现代社交之父”和“社交大师”，在社交领域有着丰富的经验。他通过历时 4 年、12,000 多名商业人士参与的调查研究，揭示出两性在社交上的一些惊人差异，这些差异必定会改变人们对于社交的一般认识和做法。

本书在结构上独具匠心。三位作者分工明确，米斯纳对调查研究的结果和发现进行阐释；拉斐尔和沃克从男性和女性的不同视角，就这些话题展开讨论。他们大胆剖白站在自己性别的立场对社交的观念和认识，有时认同，有时反驳，展现人们在与异性相处方面存在的各种问题，旨在促进两性之间的相互理解，指导人们形成正确的观念和做法。

作者引入独特的分析框架，将人际关系的建立过程分为三个重要阶段，即能见度、信誉度和盈利性阶段。能见度阶段增进相互了解，信誉度阶段建立互信，盈利性阶段从关系中获得回报。无论是业务关系还是私人关系，如果无法给双方带来回报，是很难维持下去的。男性的普遍问题是想跳过信誉度阶段直奔盈利性阶段，显得操之过急；而女性则是一直停留在信誉度阶段，不知道如何从关系中获益。两性在社交中出现的问题大多是由于这一行动方式上的不同而产生的。

书中还探讨了一些重要的问题，如男性和女性是如何学习社交技巧的？两性偏爱的社交时间和社交活动有什么不同？在社交中，关系为先还是交易为先？在社交活动中如何表现得体？家庭责任与社交的冲突如何解决？两性在社交中最看重哪些不同的品质？投入社交的时间如何获得回报？两性在运用系统方法保持良好的人际关系网络方面有哪些差异？

这些问题没有标准的答案，不过越是全面地看待社交问题，越是理解异性的思维和行事方式，我们就能够做得更好，不是吗？毕竟，我们还是要与占人口半数的异性相处。

相信这本书会如第一页的推荐语中莉莎·尼克尔斯所说，“无论你读这本书是出于商业目的还是为了娱乐，《帅哥美女经济学》从头到尾都会带给你内容非常丰富、令人非常愉快的体验。”

服务热线：133-6631-2326 139-1140-1220

读者信箱：reader@hinabook.com

后浪出版咨询（北京）有限责任公司

2013 年 7 月

图书在版编目（CIP）数据

帅哥美女经济学 /（美）米斯纳等著；杨波译 . -- 北京 : 世界图书出版公司北京公司 , 2013.7

书名原文：Business networking and sex

ISBN 978-7-5100-6632-0

Ⅰ . ①帅… Ⅱ . ①米… ②杨… Ⅲ . ①商业经营—人际关系学—通俗读物 Ⅳ . ① F715-49

中国版本图书馆 CIP 数据核字（2013）第 159081 号

Ivan Misner, Hazel M. Walker Frank J. De Raffele Jr.

Business networking and sex

ISBN 978-1-59918-424-1

北京市版权局著作权合同登记号图字 01-2012-1686

帅哥美女经济学

著　　者：（美）伊凡 · 米斯纳 等　**译　　者：**杨　波　**筹划出版：**银杏树下

出版统筹：吴兴元　**责任编辑：**徐　樟　**营销推广：**ONEBOOK　**装帧制造：**墨白空间

出　　版：世界图书出版公司北京公司

出 版 人：张跃明

发　　行：世界图书出版公司北京公司（北京朝内大街 137 号　邮编 100010）

销　　售：各地新华书店

印　　刷：北京正合鼎业印刷技术有限公司（北京市大兴区黄村镇太福庄东口　邮编 102612）

（如存在文字不清、漏印、缺页、倒页、脱页等印装质量问题，请与承印厂联系调换。联系电话：010-61256142-8021）

开　　本：690 毫米 ×960 毫米 1/16

印　　张：13.5　插页 4

字　　数：194 千

版　　次：2013 年 10 月第 1 版

印　　次：2013 年 10 月第 1 次印刷

读者服务：reader@hinabook.com 139-1140-1220

投稿服务：onebook@hinabook.com 133-6631-2326

购书服务：buy@hinabook.com 133-6657-3072

网上订购：www.hinabook.com （后浪官网）

ISBN 978-7-5100-6632-0　**定　价：**32.00 元

后浪出版咨询（北京）有限公司常年法律顾问：北京大成律师事务所　周天晖　copyright@hinabook.com

大学堂 050

认识管理

（第 4 版）

著者：（美）安杰洛·基尼齐　布赖恩·威廉姆斯

译者：刘平青 等

书号：978-7-5100-4858-6

定价：78.00 元　2013 年 6 月出版

零基础入门，领略管理的技艺和精髓

回归基本面，掌握管理的本质和思维

基尼齐教授的《认识管理》是一部基于研究且具有高度可读性、创新性、实用性的教材，被全球数百所高校所采用，是美国大学管理原理课程采用量最多的教材。第 4 版综合了众多教师、学生和其他读者的有效反馈，使其在结构、内容和技术运用上趋于尽善尽美，受到读者的热烈推崇。

全书分为 6 篇 16 章，将为什么要成为管理者、管理者的职责以及管理理论背景放在第一篇，将管理环境的变化和全球化管理动态放在第二篇，使读者在心理和认识上做好充分的准备，然后才在后面四篇分别介绍管理的四大职能：计划、组织、领导和控制。书中也涵盖了当今读者需要有意识地去关注的一些问题，如以顾客为中心、国际化、多样性、道德规范、信息技术、企业家精神、团队、服务经济和小企业等，让读者认识真实的管理世界，而不仅仅是学习书面知识。

基尼齐和威廉姆斯提供了一部不可思议的以读者为中心的、可理解度高的、注重实用的管理与组织行为教科书。书中介绍了大量有代表性的管理者和组织的实际例子来展现管理的四项职能。比我们现有的书籍做得更多的是，它提供了一系列帮助导师和学生的令人印象深刻的补充材料。

——Kevin S. Groves，加利福尼亚州立大学教授

这是一部非凡的管理原理教科书，卓有成效地向大学生展现了管理学和领导学的迷人之处。它吸引人且实用，还综合了一系列支持性材料和新技术的运用，以增进对关键概念的掌握。在采用基尼齐的书之前，我们比较了十几本教材，我们非常高兴选择了它。

——Gary B. Roberts，肯尼索州立大学教授

让学生们在课堂上兴奋起来可不容易，唯一的方式是融入最新的、关联的和有趣的例子。这本书恰好做到了。它让我的教学更容易，但更重要的是，有了更好的材料和指导，学生们获得了宝贵的教育。

——Laura L. Alderson，孟菲斯大学教授

基尼齐和威廉姆斯的这部教科书非常漂亮且编排合理。它的写作吸引阅读的兴趣，而且与我现在所使用的教材相比，有多得多的例子、应用、总结和案例。总的来说，这本书从导师和学习者的角度来看，都代表了学习管理的一种卓越方式。

——Jeffrey Anderson，俄亥俄大学教授